추세 추종 절대 수익

홈페이지 | www.vegabooks.co.kr   **이메일** | info@vegabooks.co.kr
블로그 | http://blog.naver.com/vegabooks
인스타그램 | @vegabooks   **페이스북** | @VegaBooksCo

추세추종 절대수익

29PER 지음

베가북스
VegaBooks

많은 투자자가 더 많은 정보를 알면 더 좋은 성과를 낼 수 있다고 믿는다. 하지만 실제 시장에서 수익을 가르는 것은 정보의 양이 아니라, 시장을 바라보는 '순서'와 그에 맞춰 행동할 수 있는 '구조'이다.

나 역시 '개별주 투자'를 할 때 동일한 결론에 도달한 적이 있다. 먼저 시장을 보고, 그 안에서 자금이 몰리는 섹터를 찾고, 그다음에야 비로소 종목을 선택했다. 그리고 차트와 타이밍이 맞을 때 진입하고 틀리면 빠르게 손절하며, 맞으면 비중을 늘리고 추세가 꺾일 때 나온다. 이 단순해 보이는 과정이 실제로는 가장 어렵고, 동시에 가장 본질적인 투자 방식이다.

『추세추종 절대수익』은 바로 그 '본질'을 정확하게 짚어낸다. 대부분의 투자서가 종목 선정이나 기법에 집중하는 반면, 이 책은 그보다 한 단계 위에서 '시장 → 섹터 → 종목'으로 이어지는 사고 구조를 확립하게 만든다. 그리고 그 위에 기본적·기술적·재료적 분석을 하나의 흐름으로 연결해, 실제 매매로 이어질 수 있는 형태로 완성한다. 특히 인상적인 점은 '예측'이 아니라 '동기화'에 초점을 맞춘다는 점이다. 시장을 맞히려는 순간 우리는 틀리게 되지만, 시장에 맞추는 순간 비로소 대응할 수 있게 된다. 이 차이는 작아 보이지만, 상기석인 성과에서는 결정적인 격차를 만들어낸다.

또 하나 중요한 점은, 이 책이 단순한 기법이 아니라 '지속 가능한 투자 구조'를 다룬다는 것이다. 손절을 인정하고, 맞는 포지션에는 과감하게 올라타며, 무엇보다 이 모든 것을 실행할 수 있는 심리적 안정성을 강조한다. 결국 투자에서 살아남는 것은 더 많이 아는 사람이 아니라, 구조를 지키는 사람이라는 사실을 다시 한번 깨닫게 된다.

시장에 휘둘리는 투자가 아니라, 시장과 같은 방향으로 움직이는 투자를 하고 싶은 분에게 이 책은 훌륭한 나침반이 되어줄 것이다. 복잡한 방법이 아니라 본질적인 원칙으로 돌아가고 싶은 투자자들에게 이 책을 자신 있게 추천한다.

강환국 주식 트레이더, 유튜브 <할 수 있다! 알고 투자> 운영

....

"이기는 것도 중요하지만, 시장에서 살아남아야 이길 수 있다."
주식시장에서 '수익을 내는 것'보다 훨씬 더 중요한 원칙은 바로 '살

아남는 것'이다. 더 많이 버는 것보다 덜 잃는 것이 때로는 더 중요하다. 내 계좌를 단단하게 지켜가며 시장에서 살아남아 있어야만, 비로소 찾아오게 되는 다음의 큰 기회를 온전히 내 것으로, 만들어갈 수 있기 때문이다. 많은 투자자가 종목에 대한 단편적인 정보와 지식은 가지고 있으면서도 막상 실전에서 무너져버리는 이유는 자신의 투자를 온전히 '구조화'하지 못했기 때문이다.

시대의 거대한 흐름인 '메가트렌드' 산업을 먼저 읽어내고 그 안에서 주도권을 쥐고 있는 좋은 기업을 발굴해 내는 탑다운 방식은 뇌동매매를 막아 주고 내 자본을 지켜내는 가장 강력한 무기가 된다.

29per팀의 이번 신간 『추세추종 절대수익』은 실전에서 검증된 전문 트레이더들의 생생한 노하우를 담아내어, 길을 잃은 투자자들에게 명확한 나침반을 제시해 준다. 단순한 이론서를 넘어, 파편화된 지식을 어떻게 '수익을 지키는 단단한 구조'로 엮어 낼 수 있는지 단계적으로 짚어 준다. 눈앞의 돈을 좇기에 급급했던 투자를 멈추고, 시장과 함께 호흡해 가며 어떤 장세에서도 살아남는 주체적인 투자자로 거듭나고 싶다면 이 책을 반드시 펼쳐보시길 권해본다. 이 책이 여러분의 투자를 지켜 주고 다음 기회를 거머쥐게 해 줄 든든한 방패가 되어 줄 것이라 확신한다.

배성두 주식 트레이더, 유튜브 <배성두의 투자 스터디> 운영

"시장을 이기려 하지 마라. 시장과 동기화하라."

많은 투자자가 밤낮으로 차트를 보고, 기업 재무제표를 열심히 분석한다. 그런데도 막상 실전에서는 계좌가 계속 파랗게 물들어 가는 경험, 한 번쯤 해보았을 것이다. 이게 단순히 공부가 부족해서일까? 꼭 그렇진 않다. 문제는 시장을 예측할 수 있다는 오민과 매 순간 흔들려 가는 감정에 있는 경우가 많습니다. 결국, 미음의 문제라는 것이다. 정보는 많지만, 정리가 안 되어 있을 때, 시장의 변동성은 투자자의 마음을 쉽게 흔들어 버린다. 이럴 때 필요한 건 단기매매를 위한 요령과 기법이 아니다. 마음이 끼어들 틈을 줄여 주는 '탄탄한 사고 구조'가 필요한 시점이다.

『추세추종 절대수익』은 바로 그 구조를 만들어 주는 책이다. 시장(거시환경)부터 보고, 돈이 몰려가는 섹터를 찾고, 그 안에서 종목을 골라내는 흐름이다. 이 '탑다운 방식'은 우리가 흔히 빠져들게 되는 '확증편향'을 자연스럽게 줄여 준다. 재무로 종목의 기본 체력을 확인해보고, 차트로 매수 타이밍을 잡아 가며, 재료로 상승 흐름의 힘을 점검해 보는 이 '3가지 축'을 하나로 묶어 매매를 하나의 루틴으로 만들어준다. 단순한 이론이 아니라, 실제 시장에서 살아남아 온 방식들이 정리된 내용이라 더 의미가 있다.

우리의 소중한 돈을 감정이나 운에 맡기며 고점에서 사고, 저점에서 파는 반복을 하고 있다면 이 책을 보길 권한다. 책의 흐름을 따라가다 보면 시장과 호흡을 맞춰 가며 진정한 투자자로 거듭나 갈 수 있을 것이다. 이 책이 여러분의 투자를 엇박자에서 정박자로, 감에 의존한 투자에서 '살아남는 시스템'으로 바꿔 줄 거라 확신한다.

장우진 『전자공시 모르면 주식투자 절대로 하지마라』 저자

투자를 오래 하다 보면, 결국 종목보다 중요한 것이 있다는 걸 깨닫게 된다. 시장을 바라보는 순서, 그리고 그 순서를 지켜가는 습관이다. 이 책은 바로 그 지점을 다룬다. 종목을 먼저 찾아보기보다는 시장, 섹터, 종목의 흐름을 따라가는 탑다운 사고를 어렵지 않은 언어로 차근차근 풀어낸다.

읽어 가면서 여러 번 고개를 끄덕이게 된 부분은, 저자가 '예측'과 '전망'의 차이를 설명하는 대목이었다. 시장을 맞히려는 태도가 아니라 시장이 지금 무엇을 하고 있는지를 먼저 확인하자는 이야기는 단순하지만 실천하기 쉽지 않은 것이기에 더 와닿게 된다. 기본적·기술적·재료적 분석을 따로 나열하는 것이 아니라, 실제 매매 과정에서 이것들이 어떻게 하나로 이어지는지를 보여주는 구성도 실전에 도움이 크다고 느끼게 된다.

이 책에서 가장 좋았던 점은, 시장을 이기겠다는 자세보다 시장과 같은 방향을 바라보겠다는 태도가 처음부터 끝까지 일관되게 흘러가고 있다는 것이다. 고점에서 사고, 저점에서 파는 엇박자가 반복되어 고민

이 깊은 분이라면, 이 책이 조용하지만 분명한 길잡이가 되어줄 수 있을 거라 생각한다.

굿트레이더 『굿트레이더 압도적수익의 주식투자법』 저자

당신은 지금 시장과 엇박자를 타고 있다

코스피가 올랐다는 뉴스가 나온다. 그런데 내 계좌는 빨간색이 아니라 파란색이다. 지수는 상승하는데 내 종목만 제자리이거나, 오히려 빠지고 있다. 이 기묘한 엇박자. 한두 번이면 운이 나빴다고 넘길 수 있다. 그런데 이것이 반복된다면, 그것은 운의 문제가 아니다.

"왜 나는 항상 고점에서 사고, 저점에서 손절하는가."

이 질문을 한 번이라도 해본 적이 있다면, 이 책은 당신을 위해 쓰였다. 먼저 솔직하게 인정하자. 당신의 종목 선택이 나빴던 것이 아니다. 당신의 분석이 부족했던 것도 아니다. 뉴스를 안 봐서도 아니고, 재무제표를 못 읽어서도 아니다. 문제는 더 깊은 곳에 있다. 시장을 바라보는 사고 과정 자체가 엇나가 있는 것이다.

종목을 고르기 전에, 시장을 먼저 봐야 한다. 추세를 확인하기 전에,

내 생각이 편향되어 있는지를 먼저 점검해야 한다. 이 순서가 뒤바뀌어 있으면, 아무리 좋은 종목을 골라도 결과는 같다. 고점 매수, 저점 손절의 반복이다. 이 책은 그 순서를 바로잡기 위해 쓰였다.

전망하지 마라, 동기화하라

투자자들이 가장 많이 하는 행위가 있다. '전망'이다.

"내년에는 반도체가 좋을 거야."
"금리가 내리면 성장주가 올라갈 거야."
"이 종목은 연말에 5만 원은 간다."

모두 전망이다. 전망 자체가 나쁜 것은 아니다. 데이터를 수집하고, 그 데이터가 가리키는 방향을 따라 결론에 도달하는 과정이라면, 그것은 건강한 전망이다. 지도를 펼치고 현재 위치를 확인한 뒤에 길을 찾는 것과 같다.

그러나 대부분의 투자자가 하는 전망은 이것이 아니다. 결론을 먼저 정해 놓고, 그 결론에 맞는 증거만 골라 모으는 것. 이것은 전망이 아니라 끼워 맞추기다. 둘의 차이를 하나의 장면으로 보여주겠다.

한 투자자가 어떤 종목을 10,000원에 매수했다. 며칠 뒤 주가가 8,000원으로 떨어졌다.

"주가가 빠졌다. 왜 빠졌는지 원인을 확인하자. 내가 매수할 때의 근거가 아직 유효한가? 실적 전망이 하향됐는가? 유효하지 않다면 여기서 정리하자."

"이건 일시적 조정이야. 세력이 개미 털기를 하는 거야. 8,000원에 추가 매수하면 평균 단가가 내려가니까 오히려 기회 아냐?"

첫 번째 투자자는 데이터에 기반해 판단한다. 손실이라는 불편한 현실을 인정하고, 근거가 무너졌는지를 확인한다.

두 번째 투자자는 결론을 바꾸지 않는다. "이 주식은 오를 것이다"라는 결론을 정해 놓고, 현실을 그 결론에 끼워 맞추고 있다. "세력의 개미 털기"라는 근거 없는 해석이 그 증거다.

이것이 심리학에서 말하는 '확증편향'이다. 내 믿음을 확인해 주는 정보는 적극 수용하고, 반박하는 정보는 무시하거나 왜곡하는 것. 인간의 뇌가 가진 가장 강력한 자기방어 메커니즘이다.

끼워 맞추기에 빠지는 것은 지식이 부족해서가 아니다. 뇌가 그렇게 설계되어 있기 때문이다.

행동경제학에서는 이것을 손실회피 편향이라 부른다. 인간은 같은 크기의 이익보다 손실을 약 두 배 이상 크게 느낀다. 100만 원을 벌었을 때의 기쁨보다, 100만 원을 잃었을 때의 고통이 두 배 이상 크다. 이 비대칭적 심리가 손실 앞에서 "이건 손실이 아니야"라는 자기최면을 건다. "아직 팔지 않았으니 손실이 아니야." "일시적 조정이니까 곧 회복될 거야." 이런 자기 위안이 끼워 맞추기의 시작점이다.

끼워 맞추기의 가장 무서운 점은, 하고 있는 본인이 그것을 모른다는 것이다.

끼워 맞추기를 하는 투자자는 사신이 '분석'을 하고 있다고 확신한다. 뉴스도 보고, 자트노 보고, 유듀브도 본다. 충분히 공부했다고 생각한다. 그러나 실제로는 자신의 결론을 정당화하는 정보만 골라 보고 있을 뿐이다. 자기에게 유리한 뉴스만 스크랩하고, 불리한 뉴스는 "이건 모르는 사람들이나 하는 소리"라며 무시한다.

매수 이후에 확신이 점점 강해진다면, 그것은 좋은 신호가 아니다. 위험 신호다. 진짜 분석은 매수 후에도 불안감을 동반한다. "내가 틀릴 수 있다"는 긴장감이 살아 있어야 한다. 매수 후 마음이 편해지기 시작하면, 끼워 맞추기가 시작됐을 가능성이 높다.

그렇다면, 전망도 위험하고 끼워 맞추기는 더 위험하다면, 도대체 무엇을 해야 하는가.

'동기화'다.

투자는 미래를 맞히는 게임이 아니다. 시장의 현재 흐름에 나의 사고 과정을 맞추는 과정이다.

라디오의 주파수를 맞추는 것과 같다. 내가 듣고 싶은 채널이 아니라, 지금 방송되고 있는 채널에 주파수를 맞추어야 한다. 내가 아무리 클래식을 듣고 싶어도, 지금 주파수에서 락이 나오고 있으면 락이 들린다. 시장도 마찬가지다. 내가 아무리 상승을 원해도, 시장이 하락을 선택하면 하락이다.

시장이 상승 추세를 타고 있으면, 나도 상승에 베팅한다. 시장이 하락으로 전환되면, 나도 방어 태세에 들어간다. 내 생각이 아니라 시장의 흐름이 기준이다. 이것이 동기화다.

전망은 "나는 이렇게 될 거라고 본다"이고, 동기화는 "시장은 지금 이렇게 움직이고 있다"이다. 전망은 내가 주어고, 동기화는 시장이 주어다. 이 주어의 차이가, 수익과 손실의 차이를 만든다.

물론, 전망 자체를 버리라는 뜻은 아니다. 데이터를 수집하고 확률적 판단을 내리는 것은 필요하다. 다만, 그 판단이 틀렸을 때 대응할 수 있는 구조를 반드시 갖고 있어야 한다.

전망의 가치는 정확도에 있지 않다. 전망의 가치는 '틀렸을 때 대응할 수 있는 구조'에 있다.

전망은 틀려도 대응할 수 있다. 전제가 무너졌으므로 포지션을 바꾸면 된다. 끼워 맞추기는 틀려도 대응할 수 없다. 결론을 바꾸지 않기 때문이다. 시장이 "당신이 틀렸다"고 말해도, "아니야, 시장이 틀렸어"라고 반박한다. 이 반박이 계속되면, 계좌가 대답해 준다.

투자에서 살아남는 것은 맞히는 사람이 아니다. 대응하는 사람이다.

이 책이 가르치는 것은 시장을 맞히는 법이 아니다. 시장에 동기화하는 법, 그리고 틀렸을 때 대응하는 법이다.

탑다운 추세추종: 시장과 동기화하는 유일한 방법

그렇다면 시장과 어떻게 동기화하는가. 이 책이 제안하는 방법은 '탑다운 추세추종'이다.

탑다운은 위에서 아래로 내려오는 것이다. 종목부터 보지 않는다. 먼저 시장 전체를 보고, 그다음 섹터를 보고, 마지막에 종목을 본다. 지도에서 나라를 먼저 확인하고, 도시를 확인하고, 마지막에 건물을 찾는 것과 같다. 건물부터 찾으면 길을 잃는다.

추세추종은 시장의 흐름을 따라가는 것이다. 내 생각이 아니라 시장이 가리키는 방향으로 간다. 올라가고 있으면 함께 올라가고, 방향이 바뀌면 함께 바꾼다. 이것이 동기화의 실전 방법론이다.

왜 지금 이 전략인가. '한국 주식시장은 갈수록 소수의 주도주가 시장 전체를 이끄는 구조로 변하고 있기 때문이다' 과거에는 종목을 잘 고르면 시장과 상관없이 수익을 낼 수 있었다. 지금은 아니다. 시장의 방향과 주도 섹터를 먼저 파악하지 않으면, 아무리 좋은 종목도 수익으로 이어지지 않는 시대가 됐다.

이 책 전체를 관통하는 실전 프레임워크를 여기서 먼저 소개한다. 다섯 단계다. 종목을 사기 전에, 반드시 이 다섯 단계를 순서대로 거치게 될 것이다.

- **첫째, 시장의 온도를 확인한다.**

코스피·코스닥 지수의 추세를 먼저 본다. 지수가 상승 추세에 있는가, 하락 추세에 있는가, 횡보 중인가. 이것을 먼저 확인하지 않고 종목을 사는 것은, 날씨를 확인하지 않고 바다에 나가는 것과 같다. 파도가 잔잔한 날과 태풍이 오는 날, 같은 배라도 결과는 전혀 다르다.

- 둘째, 주도 섹터를 선별한다.

시장 전체가 올라간다고 모든 섹터가 함께 오르지 않는다. 시장을 이끄는 섹터는 소수다. 돈이 어디로 흘러가고 있는지를 확인한다. 반도체인가, 2차전지인가, 금융인가, 방산인가. 돈의 흐름을 따라간다.

- 셋째, 종목의 기술적 위치를 점검한다.

주도 섹터 안에서, 추세가 살아 있는 종목을 고른다. 이동평균선이 정배열인가, 거래량이 뒷받침되는가, 하이킨아시가 양봉을 유지하고 있는가. 이 책에서 배운 기술적 도구들을 여기서 사용한다.

- 넷째, 진입과 손절 시나리오를 설정한다.

매수 가격과 손절 가격을 사전에 정한다. "이 조건이 충족되면 사고, 이 조건이 무너지면 판다." 이것을 매수 버튼을 누르기 전에 확정한다. 매수 후에 정하면 이미 늦다. 감정이 개입하기 때문이다.

- 다섯째, 비중을 조절하고 실행한다.

확신의 크기에 따라 투입하는 자금의 크기를 조절한다. 모든 조건이 깔끔하게 맞으면 비중을 높이고, 하나라도 불확실하면 비중을 낮춘다. 그리고 실행한다. 실행 없는 전략은 존재하지 않는 것과 같다.

이 다섯 단계를 읽으면서 느꼈을 것이다. 종목 이야기가 세 번째에 나온다. 첫 번째도, 두 번째도 아니다. 세 번째다. 대부분의 투자자가 첫 번째로 하는 일(종목 찾기)을 이 시스템에서는 세 번째에 한다.

이 순서의 차이가 전부다. 종목을 먼저 보면 끼워 맞추기에 빠진다. 시장을 먼저 보면 동기화가 시작된다.

이 책이 바꿀 한 가지

이 책은 수백 가지를 가르치려 하지 않는다. 한 가지만 바꾸려 한다.

종목을 찾기 전에, 시장을 먼저 보는 습관.

이것이 장착되면, 나머지는 따라온다. 시장을 먼저 보면 섹터가 보인다. 섹터가 보이면 종목은 자연스럽게 좁혀진다. 좁혀진 종목에서 기술적 조건을 확인하면, 매수와 손절의 기준이 명확해진다. 기준이 명확하면, 감정이 개입할 여지가 줄어든다.

한 가지 습관이 바뀌면, 매매의 전체 구조가 바뀐다.

이 책은 어렵지 않다. 어려운 용어로 당신을 가르치려 하지 않는다. 전문가인 척하며 권위를 세우지도 않는다. 나는 당신의 선생이 아니다. 함께 시장이라는 던전을 통과하는 동료다.

전작 『무조건 이기는 탑다운 주식투자』에서 우리는 이 던전의 지도를 그렸다. 어디에 함정이 있고, 어디에 보물이 있는지를 확인했다. 이

번 책에서는 한 단계 더 들어간다. 지도를 보는 방법이 아니라, 지도를 보는 눈 자체를 바꾸는 것이다.

사고 과정이 바뀌면, 종목을 보는 눈이 바뀐다.
종목을 보는 눈이 바뀌면, 매매의 타이밍이 바뀐다.
타이밍이 바뀌면, 계좌의 색깔이 바뀐다.

이 책을 덮는 순간, 당신은 종목을 찾기 전에 시장을 먼저 보게 될 것이다. 뉴스를 읽기 전에 차트를 먼저 펼치게 될 것이다. 내 생각을 확인하기 전에, 시장의 방향을 먼저 확인하게 될 것이다.
그때부터 엇박자는 멈춘다.
그때부터 동기화가 시작된다.

시장은 당신이 맞히기를 기다리지 않는다.
시장은 당신이 따라오기를 기다리고 있다.
지금부터, 따라가는 법을 배운다.

PART 1

추세추종의 본질:
탑다운으로 '매매 타이밍' 읽는 법

PART 3

승리의 완성:
수익을 '지키는 구조'를 만드는 법

추세추종의 본질

탑다운으로
'매매 타이밍'
읽는 법

제1장

시장과 엇박자가 나는 이유

같은 시장, 다른 결과

결과를 결정하는 것은 정보가 아니라 관점

2026년의 첫 달, 우리는 지난 한 해를 돌아본다.

2025년 한국 증시는 역사에 기록될 만한 한 해였다. 연초 2,400선에서 출발한 코스피는 연말 4,214.17포인트로 마감하며 75.6%라는 경이로운 상승률을 기록했다. 10월에는 사상 처음 4,000선을 돌파했고, 거래대금과 관심은 주도주로 블랙홀처럼 빨려 들어갔다.

같은 시간, 같은 뉴스, 같은 차트. 그런데 어떤 투자자의 계좌는 우상향했고, 어떤 투자자의 계좌는 끝내 제자리를 벗어나지 못했다.

이 차이를 정보의 양이나 노력의 부족으로 설명하는 순간, 문제의 핵심에서 멀어진다. 시장을 오래 경험할수록 분명해지는 사실은 단순하다. 결과의 차이는 지식의 총량이 아니라, 시장을 바라보는 관점의 차이에서 발생한다.

대부분의 투자자는 시장을 '예측'하려 든다. "높은 환율과 정치 불안 속에서는 주가가 오를 수 없다." 이 말은 언뜻 너무나 합리적이어서 의심의 여지가 없어 보인다. 그러나 시장이 예측과 다르게 흘러가는 순간, 대부분은 현실을 있는 그대로 받아들이지 못한다. 자신의 논리를 지키기 위한 방어기제가 작동한다.

이 태도가 반복되는 순간, 투자자는 시장과 같은 방향을 보지 않는다. 시장을 관찰하는 주체가 아니라, 시장을 상대하는 존재가 된다. 시장은 '함께 타야 할 흐름'이 아니라 '맞혀야 할 대상'으로 변한다. 이 지점에서 엇박자는 시작된다.

반대로, 시장의 흐름과 함께하는 사람은 예측보다 확인을 우선시한다. 그는 묻지 않는다. 가격이 고점을 갱신하고 있는지, 거래대금이 특정 자산과 섹터에 집중되고 있는지, 강한 종목이 계속해서 강한지. 이 질문의 차이는 사소해 보이지만, 시장이 이미 선택한 방향을 받아들이기 때문에 결과는 극명하게 갈린다.

시장에는 '적정가'라는 개념이 없다. 오직 수급과 기대감, 그 결합이 만들어내는 흐름만 존재한다. 그럼에도 많은 투자자는 가격이 오를수록 불편함을 느낀다. 싸게 사고 싶었던 욕망이 충족되지 않았기 때문이다.

이 불편함이 "이제는 내려야 한다"는 판단으로 변하는 순간, 엇박자는 시작된다. 시장은 계속 가는데, 나는 멈춰 서서 설명을 찾는다. 설명을 찾는 동안, 기회는 지나간다.

같은 시장에서 다른 결과가 나온다면, 그것은 운의 문제가 아니다.

시장과 나 사이의 간극이다. 시장을 내 생각에 맞추려 할수록 간극은 벌어지고, 시장의 흐름에 나를 맞출수록 간극은 좁혀진다.

이 책이 말하는 첫 번째 전환점은 여기다. 시장을 이기려는 자세를 내려놓고, 시장과 같은 방향을 바라보는 것. 그것이 트레이딩의 출발점이다.

시장을 채점하기 시작하면 이미 늦었다

평가하려는 순간, 시장과 엇박자

많은 투자자는 시장이 흘러가는 대로 바라보려 하지 않는다. "지금 너무 비싸다." "이제 바닥인가?" 시장을 평가하려 한다. 이는 단순한 말버릇이 아니다. 시장을 보는 사고의 방향을 근본적으로 바꾸는 일이다.

시장을 평가하려는 순간, 투자자는 더 이상 "시장이 지금 무엇을 하고 있는가"를 묻지 않는다. 대신 "이 움직임이 맞는가, 틀린가"를 판단하기 시작한다. 시장은 함께 움직여야 할 흐름이 아니라, 옳고 그름을 가려야 할 판단의 대상이 된다.

이 사고 방식은 틀리지 않다. 아니, 매우 자연스럽다. 우리는 익숙한 방식으로 세상을 이해한다. 시험에는 정답이 있고, 문제에는 채점 기준이 있다. 시장을 대할 때도 같은 틀을 적용한다. 상승은 과도한지, 하락은 과한 반응인지, 지금의 움직임이 정상인지 비정상인지를 끊임없이 가려내려 한다.

　문제는 시장이 이런 판단을 전제로 움직이지 않는다는 점이다. 시장은 옳고 그름을 증명하지 않는다. 선택이 쌓이고, 그 결과가 이어질 뿐이다.

　이때부터 우리의 사고는 미묘하게 비틀어진다. 시장을 바라보는 기준이 '지금 어떤 선택이 이어지고 있는가'가 아니라 '이 움직임이 맞는가'로 바뀐다. 이 변화는 눈에 띄지 않지만 결정적이다. 관찰의 언어는 사라지고, 평가의 언어가 그 자리를 대신한다.

　상승하는 시장 앞에서 대부분의 투자자는 쉽게 움직이지 못한다. 상승 자체를 하나의 현상으로 받아들이기보다, 그 정당성을 먼저 따지기 때문이다. "이 정도 움직임은 과하다." "이 흐름은 정상적이지 않다." 이 말들은 시장을 이해하려는 말처럼 보이지만, 실제로는 시장을 채점하려는 사고의 표현이다.

　반대로 시장의 움직임이 약해질 때는 다른 형태의 판단이 등장한다. "이제는 충분히 조정이 나왔다." "여기까지면 과도한 반응이다." 기준은 동일하다. 시장이 어떤 상태에 있는지가 아니라, 지금의 움직임이 맞는지 틀린지를 따진다.

　판단과 채점이 반복되면 투자자는 늘 비슷한 위치에 서게 된다. 시장이 강할 때는 움직임을 의심하며 관망하고, 시장이 약해질 때는 움직임의 정당성을 스스로 부여하며 개입한다. 결과적으로 선택은 시장과 같은 방향이 아니라, 판단이 허용되는 순간에 이루어진다.

　중요한 점은, 이 사고방식이 틀렸다고 느껴지지 않는다는 것이다. 논리적으로 설명이 가능하고, 말로는 충분히 그럴듯하다. 투자자는 계속 같은 방식으로 시장을 대하고, 엇박자가 반복되면 타이밍이나 운의 문제로 결론을 내린다.

핵심은 거기에 있지 않다. 시장을 맞히려는 사고, 시장을 평가하고 채점하려는 태도 자체가 이미 시장과 같은 위치에 서 있지 않다는 신호다. 이 태도 안에서는 시장과 나란히 움직이는 선택이 나오기 어렵다.

우리가 시장과 엇박자를 내는 이유는 정보가 부족해서도, 판단력이 모자라서도 아니다. 시장을 관찰하기보다 평가하려는 사고가 시작점부터 어긋나 있기 때문이다.

이 사고가 유지되는 한, 선택은 언제나 시장 뒤쪽에서 이루어질 수밖에 없다.

예측이 기준을 대신하는 순간, 행동은 멈춘다

확신은 행동을 가로막는다

시장을 이해하려 하기보다 옳고 그름을 가려내려 할수록, 우리가 내리는 판단은 어느새 미래를 단정하는 예측으로 바뀐다.

예측은 단순한 의견이 아니다. 예측이 되는 순간, 그 생각은 앞으로의 선택을 이끄는 기준이 된다.

"이 흐름은 과하다." "이 움직임은 오래가지 못한다."

더 이상 가능성을 열어두지 않는다. 앞으로 벌어질 일을 미리 규정한다. 이때부터 시장은 새로운 정보를 제공하는 대상이 아니라, 내가 세운 예측을 증명하거나 반박해야 하는 대상으로 바뀐다.

시장은 여전히 움직이고 있지만, 투자자의 시선은 더 이상 그 움직임을 온전히 바라보지 않는다. 자신의 예측과 맞는 해석은 쉽게 받아들이고, 어긋나는 신호는 일시적인 변수로 밀어낸다. 이 과정은 의식적으로 이루어지지 않는다. 예측을 유지하기 위한 심리가 우리의 시야를 자연스럽게 좁히기 때문이다.

이 상태에서 투자자는 시장을 점점 더 자주 설명하게 된다. 왜 지금 움직임이 이상한지, 왜 이 반응이 과도한지, 왜 결국 자신의 생각이 맞을 수밖에 없는지를 끊임없이 정리하려 한다. 언뜻 보면 확신이 강해졌다고 느낄 수 있지만, 실제로는 그 반대다. 예측이 흔들리고 있다는 증거다.

이 심리는 행동에서 분명하게 드러난다. 시장이 예측과 다르게 움직이기 시작해도 투자자는 쉽게 선택을 바꾸지 못한다. 선택을 바꾸는 것은 단순한 수정이 아니라, 자신이 세운 예측을 부정하는 일이 되기 때문이다. 행동은 늦어지고, 결정은 미뤄진다.

반대로 예측이 잠시 맞아떨어지는 구간에서는 다른 형태의 왜곡이 나타난다. "역시 내 생각이 맞았다." 이 확신은 다음 행동을 신중하게 만들기보다, 예측을 더 단단하게 고정시킨다. 투자자는 시장을 다시 관찰하기보다 예측을 지키는 데 집중한다.

예측이 사고의 중심에 자리 잡으면, 매매는 점점 부담스러운 일이 된다. 모든 선택이 맞아야 할 결정이 되고, 모든 움직임이 설명되어야 할 사건이 된다. 시장은 함께 움직이는 대상이 아니라, 계속해서 해석해야 하는 존재가 된다.

이 과정은 특별한 성향의 투자자에게만 나타나는 현상이 아니다. 누구라도 시장을 판단하기 시작하고, 그 판단을 예측으로 굳히는 순간, 같은 위치, 같은 사고의 틀 안으로 들어간다. 이 구조 안에서는 행동이 점점 늦어지고, 선택은 점점 무거워진다.

문제는 예측이 틀렸다는 데 있지 않다. 문제는 예측이 사고의 중심이 되는 순간, 시장을 제대로 바라볼 수 없게 된다는 점이다. 예측은 관찰을 대신하고, 확신은 선택을 가로막는다. 생각은 고정되고, 행동은 항상 한 박자 늦게 나온다.

제2장

예측의 오만함, 전망의 냉정함: 탑다운 사고가 당신을 살리는 이유

예측하는 순간, 사고는 멈추고 반응만 남는다

단정하지 말고, 신호를 따르라

시장에서 가장 위험한 문장이 있다. "이번에는 다르다."

이 문장은 언제나 자신감으로 시작해서 파멸로 끝난다. 2024년 하반기, 미국 연준의 금리 인하 기대감이 시장 전체를 지배했다. 금리 선물시장은 2025년 상반기까지 최소 세 차례의 인하를 가격에 반영했고, 성장주에 대한 베팅은 전례 없이 쏠렸다. 투자자들의 확신은 예측이 아니라 기정사실이 됐다. "금리는 내려간다. 성장주는 오른다." 논리는 완벽해 보였다.

그러나 시장은 논리대로 움직이지 않았다. 2025년 1분기, 고용지표가 연속으로 예상치를 상회했고, 서비스업 물가가 재가속의 조짐을 보이면서 연준의 인하 시점은 후퇴했다. 금리인하를 기정사실로 반영하고 매수에 나선 투자자들의 계좌는 빠르게 훼손됐다. 논리는 맞았을 수도 있다. 그러나 타이밍이 틀렸다. 시장에서 논리가 맞고 타이밍이 틀리는 것은, 그냥 틀린 것이다.

이것이 예측의 본질적 결함이다. 예측은 미래를 단정한다. 단정하는 순간, 투자자의 사고는 닫히고 '대응'이 아닌 '반응'만 남는다. 대응은 시장이 보여주는 것에 맞춰 유연하게 움직이는 것이다. 반응은 자신의 예측과 다른 상황이 벌어졌을 때 감정적으로 흔들리는 것이다. 예측에 갇힌 투자자는 시장이 자기 예측대로 움직이면 더 크게 베팅하고, 반대로 움직이면 당황하며 얼어붙는다. 계획된 행동이 아니라, 상황에 끌려다니는 반사적 움직임. 이것이 반응이다.

더 위험한 것은 확증 편향이다. 예측을 세운 순간, 뇌는 자동적으로 그 예측을 뒷받침하는 정보만 골라 수용하고, 어긋나는 신호는 '일시적 소음'으로 치부한다. 이 편향은 지능의 높낮이와 무관하다. 오히려 똑똑한 사람일수록 자신의 논리를 정교하게 방어하기 때문에, 편향의 강도는 더 세진다. 예측이 확증 편향을 만들고, 확증편향이 반응적 매

구분	예측	전망
관점	자기중심적	시장중심적
기반	나의 논리, 희망, 두려움, 과거 경험	시장이 보여주는 현재의 데이터와 증거
핵심 질문	"시장은 ~가 되어야 한다." "고점은 얼마일 까?"	"시장은 ~라고 말하고 있다." "현재 추세는 무엇인가?"
감정 상태	불안, 조급함, 확신과 절망의 극단적 반복	관조, 인내, 유연함, 겸손함
주요 행동	정답 찾기, 고점, 저점 맞추기, 시장과 싸우기	추세 확인, 흐름에 동참하기, 위험 관리
결과	잦은 매매, 추세 역행, 큰 손실, 높은 스트레스	추세추종, 손익비 높은 거래, 심리적 안정

매를 만들고, 반응적 매매가 계좌를 파괴한다. 이 연쇄는 필연적이다.

여기서 '예측'과 '전망'의 차이를 분명히 해야 한다. 이 구분은 단어 선택의 문제가 아니다. 사고 체계 자체의 차이다.

예측은 결론을 먼저 내린다. "코스피는 3,000을 간다." "반도체는 하반기에 반등한다." 예측은 도착점을 정해놓고, 그곳에 도달할 근거를 사후적으로 조립한다. 근거가 부족하면 만들어내고, 반증이 나오면 무시한다. 예측이 맞으면 확신이 강화되고, 틀리면 "아직 시간이 부족할 뿐"이라며 기다린다. 이 구조에서 손절은 패배의 인정이 되기 때문에, 투자자는 끝까지 버티다 계좌를 날린다.

전망은 조건을 먼저 설정한다. "만약 금리 인하가 실현되고, 반도체 재고 순환이 바닥을 확인하면, 기술주 영역의 상대적 강세가 나타날 수 있다." 전망은 조건부 시나리오다. 조건이 충족되면 행동하고, 충족되지 않으면 기다리거나 반대 시나리오로 전환한다. 전망에는 자존심이 없다. 시장이 보여주는 사실에 따라 유연하게 바뀐다.

예측은 시장에 '나의 결론'을 강요하는 행위다. 전망은 시장이 '어떤 결론을 내리고 있는지' 읽어내는 행위다. 예측은 반응을 만들고, 전망은 대응을 만든다. 이 둘 사이에는 건널 수 없는 간극이 있다.

당신이 지금 보유하고 있는 종목을 떠올려 보라. 그 종목을 산 이유가 '예측' 위에 세워져 있는가, '전망' 위에 세워져 있는가. 만약 "이 종목은 반드시 오른다"는 확신 위에 서 있다면, 당신은 지금 예측의 함정안에 있다. 시장이 당신의 예측과 다르게 움직이는 순간, 당신은 대응하는 것이 아니라 반응하게 될 것이다.

분석적 태도: 비판적 회의주의라는 생존 본능

"왜 지금인가?"를 묻지 않는 투자자는 도박사다

시장에서 살아남는 투자자에게는 공통된 습관이 있다. 어떤 정보가 눈앞에 놓여도 즉각적으로 반응하지 않는다는 것이다. 대신 질문한다.

"이 정보가 지금 나온 이유는 무엇인가. 시장은 이미 이것을 가격에 녹여 넣었는가. 반대 상황이 펼쳐질 확률은 얼마인가."

이것이 분석적 태도의 핵심이다. 무조건적인 동의도, 무조건적인 부정도 아닌, 조건부 수용이다.

2023년 말부터 2024년까지 시장을 지배한 키워드는 'AI'였다. 엔비디아의 실적이 연달아 시장 기대를 뛰어넘으면서, 반도체 영역은 전례 없는 자금 유입을 경험했다. 이 구간에서 대부분의 투자자는 하나의 질문만 했다. "어떤 AI 종목을 사야 하는가?" 틀린 질문은 아니다. 그러나 치명적으로 불완전하다.

분석적 태도를 가진 투자자는 다르게 묻는다.

"지금의 AI 투자 열풍은 실적이 뒷받침하는가, 기대감만 앞서고 있는가?"
"엔비디아의 주가는 향후 3년 실적을 어디까지 미리 반영하고 있는가?"

"만약 대형 기술 기업들의 AI 설비 투자 증가율이 둔화되면, 공급망 전체가 어떤 영향을 받는가?"

이 질문들이 불편한가. 불편해야 정상이다. 분석적 태도란 자신이 들고 있는 종목에 대해 스스로 검찰 역할을 하는 것이다. 내가 산 이유를 변호하는 것이 아니라, 내가 산 이유를 공격하는 것이다. 공격을 이겨 낸 논리만이 실전에서 버틸 수 있다.

이 습관이 없으면, 두자자는 예측의 포로가 되어 반응석 매매를 반복한다. 호재가 나오면 홍분하며 추격 매수하고, 악재가 나오면 패닉에 빠져 던진다. 시장이 주는 자극에 반사적으로 움직이는 것이다. 분석적 태도는 이 반사 회로를 끊어내는 유일한 도구다.

숫자는 거짓말하지 않지만, 해석은 거짓말한다

투자에서 가장 교묘한 함정은 '합리적으로 보이는 감정적 판단'이다.

삼성전자를 예로 들어보자. 2024년 하반기, 반도체 재고 조정이 본격화되면서 삼성전자 주가는 5만 원대까지 밀렸다. 이 시점에서 많은 투자자가 매수에 나섰다. 논리는 이것이었다. "삼성전자가 5만 원대면 싸다. 반도체 순환은 반드시 돌아온다."

이 판단은 데이터에 기반한 것처럼 보인다. 그러나 실제로는 감정에 기반해있다. '삼성전자가 이 가격이면 싸다'는 판단의 근거가 무엇인가. 과거 주가 흐름에서 이 가격대에서 반등했으니까? 주가순자산비율 하단이라서? 이것은 분석이 아니라 과거 패턴에 대한 믿음이다. 믿음은 데이터가 아니다.

실제로 이 시기에 "싸다"는 이유만으로 매수한 투자자 중 상당수는,

주가가 추가 하락할 때 불안에 떨며 손절하거나, 반대로 물타기를 반복하며 비중을 키웠다. 두 경우 모두 '대응'이 아니라 '반응'이다. 시장이 보여주는 신호에 맞춰 움직인 것이 아니라, 자신의 예측("여기가 바닥이다")이 흔들릴 때 감정적으로 흔들린 것이다.

반면, 전망의 관점에서 접근한 투자자는 다르게 움직였다. "삼성전자가 싸다"는 판단으로 시작하지 않았다. 대신 조건을 설정했다. "반도체 재고 순환이 바닥을 확인하고, 고대역폭메모리(HBM) 양산이 정상화되며, 실적 개선이 숫자로 확인될 때 비로소 진입을 검토한다." 이 투자자는 5만 원대에서 사지 않았다. 조건이 충족되지 않았기 때문이다.

2025년 하반기, 삼성전자의 HBM3E 양산이 본격화되고, 파운드리 가동률이 반등하며, 분기 실적이 연속으로 개선되기 시작했다. 주가는 이 실적 개선을 반영하며 상승 추세로 전환했고, 2026년 2월 현재 삼성전자는 신고가를 갱신하고 있다.

전망의 관점에서 접근한 투자자는 5만 원대가 아니라, 상승 추세가 확인된 이후에 진입했다. 진입 가격은 더 높았다. 그러나 추세가 확인된 자리에서 올라탔기 때문에, 진입 이후 한 번도 불안하지 않았다. 시장이 자신의 전망과 같은 방향으로 움직이고 있었기 때문이다. 싱크로율이 높았던 것이다.

반면, "싸다"는 이유만으로 5만 원대에서 매수한 투자자 중 상당수는 이미 그 이전에 빠져나갔다. 주가가 더 밀렸을 때 버티지 못했거나, 반등 초기에 "겨우 본전이다" 하며 서둘러 팔았다. 신고가를 갱신하는 삼성전자를 바라보며, 자신의 매수 가격이 더 낮았는데도 수익을 내지 못한 역설을 경험하게 된다.

싸다는 것과 바닥이라는 것은 다르다. 싸게 보이는 것이 더 싸질 수 있다. 가격이 싸다는 것은 사실이지만, 바닥이라는 것은 해석이다. 사실과 해석을 혼동하는 순간, 감정이 분석을 대신하고, 대응은 반응으로 전락한다.

진입 가격이 낮은 것이 중요한 게 아니다. 추세가 확인된 자리에서 진입하는 것이 중요하다. 전망은 그 자리를 기다리게 만들고, 예측은 기다리지 못하게 만든다.

탑다운 사고 프로세스: 위에서 내려다보는 자만이 전체를 본다

종목부터 보는 투자자는 날씨도 안 보고 바다에 나간 어부다

개인 투자자의 매매 과정을 관찰하면, 대부분 동일한 패턴을 반복한다. 가장 먼저 화면을 켠다. 그리고 급등 종목을 확인한 후 뉴스를 검색한다. 이후 차트를 보고, 마지막으로 매수한다. 이 과정에서 '시장 전체가 지금 어떤 상태인가'라는 질문은 생략된다.

이것은 날씨도 확인하지 않고, 조류의 방향도 모른 채 바다에 나간 어부와 같다. 눈앞에 고기가 보이니까 그물을 던진다. 문제는 바다 전체가 폭풍 전야라는 사실을 모르고 있다는 것이다. 종목의 개별 재료에만 집중하면, 시장 전체가 하락 국면에 진입하고 있다는 사실을 놓친다. 종목에서 출발하면, 시장의 방향과 무관하게 매수 근거를 '만들어내는' 확증 편향에 빠지기 쉽다. 그리고 확증 편향에 빠진 투자자는 대응이 아니라 반응으로 시장을 맞이한다.

탑다운 사고는 이 순서를 강제로 뒤집는다. 바다의 날씨를 먼저 확인하고, 조류가 흐르는 방향을 파악하고, 고기가 몰리는 어장을 찾은 뒤에 비로소 그물을 던진다. 이 순서는 선택이 아니라 규율이다.

1층, 거시 환경 - 돈의 흐름과 경기 순환이 모든 것의 출발점이다

탑다운의 첫 번째 층은 거시경제 환경이다. 금리, 환율, 시중의 자금량, 경기 순환. 이 네 가지 변수가 시장 전체의 방향과 기울기를 결정한다.

시장은 자금의 함수다. 시중에 돈이 풍부한 환경에서는 실적이 부실한 기업도 오르고, 돈이 줄어드는 환경에서는 실적이 탄탄한 기업도 눌린다. 이것은 이론이 아니라 반복적으로 검증된 사실이다.

2022년의 긴축 국면을 돌아보라. 미국 연준이 기준금리를 제로에서 5.25%까지 끌어올리는 동안, 나스닥 100 지수는 고점 대비 35% 하락했다. 이 구간에서 개별 종목의 실적은 의미가 없었다. 아무리 좋은 기업이라도, 시장 전체의 돈이 빠지면 모두 영향을 받는다.

반대의 사례도 명확하다. 2020년 3월, 코로나 직후 연준은 제로금리와 무제한 양적완화를 단행했다. 시중에 돈이 폭발적으로 풀렸고, 나스닥은 저점 대비 2년 안에 두 배 이상 올랐다. 적자기업도 올랐다. 물이 차오르면 모든 배가 뜬다.

투자자가 가장 먼저 확인해야 할 것은 이것이다.

지금 시장의 자금은 늘어나고 있는가, 줄어들고 있는가.

금리의 방향은 하락인가, 유지인가, 다시 올라갈 가능성이 있는가.

경기 순환은 확장기인가, 둔화기인가, 침체기인가.

이 질문에 답하지 못한 상태에서 종목을 논하는 것은, 날씨를 확인하지 않고 항해를 시작하는 것이다.

2층, 주도 영역 – 자금이 실제로 몰리는 곳을 추적하라

거시 환경이 확인되면, 다음은 어떤 산업 영역이 시장을 이끌고 있는지를 파악하는 단계다. 같은 상승장 안에서도 모든 영역이 균등하게 오르지 않는다. 자금은 특정한 곳으로 집중된다. 이 집중이 주도 영역을 만든다.

2023~2024년의 시장은 이 점을 극명하게 보여줬다. 나스닥이 사상 최고치를 경신하는 동안, 그 수익의 대부분은 초대형 기술 기업 7곳과 AI·반도체 공급망에서 발생했다. 지수 상승분 중 상위 10개 종목이 차지하는 비중이 70%를 넘었다. 이 영역에 속하지 않은 종목들은 같은 시장 안에 있으면서도 전혀 다른 세계를 경험했다.

한국 시장도 마찬가지였다. 코스피가 상승하는 구간에서 2차전지, AI 반도체, 방산·조선이 시장을 이끌었다. 이 영역에 올라탄 투자자와 소외된 곳에 머문 투자자의 수익률 차이는 극명했다.

영역 선별의 핵심은 '어디가 좋아 보이는가'가 아니다. '자금이 실제로 어디로 이동하고 있는가'다. 이것은 주관적 판단이 아니라 객관적 추론이다. 거래대금의 영역별 분포, 외국인·기관의 순매수 방향, 상대

적 강도의 추이. 이 데이터가 말해주는 방향이 곧 시장이 선택한 방향이다.

여기서 중요한 것이 있다. 다음 주도 영역이 무엇이 될지 미리 맞히려 하지 마라. 그것은 예측이다. 이미 자금이 몰리고 있는 영역을 확인하고, 그 흐름이 유지되는 동안 함께하면 된다. 추세가 살아 있는 한, 늦은 것이 아니다.

3층, 개별 종목 – 재무·차트·재료의 최종 검증

거시 환경이 우호적이고, 주도 영역이 확인됐다면, 비로소 개별 종목을 논할 자격이 생긴다. 그 이전에 종목을 보는 것은 순서가 아니라 도박이다.

개별 종목에서 확인해야 할 것은 세 가지다.

- 첫째, 재무적 자격이 있는가. 매출이 성장하고 있는가. 영업이익률이 개선되고 있는가. 부채 구조는 건전한가. 이 세 가지 중 하나라도 결격사유가 있으면, 아무리 차트가 좋아도 넘어가야 한다.
- 둘째, 기술적으로 진입 시점이 유효한가. 장기 차트(주봉·월봉)에서 상승추세가 확인되는가. 현재 가격은 추세 안의 어느 위치에 있는가. 진입 후 손절선까지의 거리가 감내 가능한 수준인가.
- 셋째, 추세의 동력이 될 재료가 있는가. 이 종목을 시장이 주목하게 만드는 촉매가 존재하는가. 그 촉매는 일회성 사건인가, 구조적 변화인가.

2025년 하반기의 삼성전자를 이 틀로 검증해보자.

- 거시환경: 글로벌 반도체 수요 회복 조짐, AI 서버 투자 확대 지속.
- 주도영역: AI 반도체 공급망에 자금 재유입 확인.
- 개별종목: HBM3E 양산 정상화, 파운드리 가동률 반등, 분기 실적 연속 개선.

세 가지 필터를 모두 통과한 시점에서 진입한 투자자는, 2026년 2월 신고가를 함께 맞이하고 있다.

단순히 가격이 "싸다"는 이유로 5만 원대에서 산 투자자와, 추세전환이 확인된 뒤에 진입한 투자자. 진입가격은 후자가 더 높다. 그러나 수익은 후자가 더 크다. 싸게 산 것이 아니라, 제대로 된 자리에서 산 것이 중요하기 때문이다.

확증편향을 깨는 법: 당신의 논리가 완벽할수록 의심하라

하락 시나리오를 먼저 쓰지 않으면, 상승 시나리오는 환상에 불과하다

투자 의사결정에서 가장 흔한 오류는 상승 시나리오만 검토하는 것이다. 매수를 결정한 뒤, 그 결정을 뒷받침하는 근거만 수집한다. 이것은 분석이 아니라 변호다. 그리고 변호는 확증편향의 먹이가 된다.

전문 운용역들의 투자 보고서에는 반드시 하락 시나리오가 포함된다. 이것은 형식이 아니다. 실제로 돈을 잃을 수 있는 경우의 수를 먼저 검토함으로써, 투자 규모와 손절선을 사전에 결정하는 과정이다.

구체적으로 적용해 보자. 2025년 시점에서 AI 반도체 영역에 투자하려 한다고 가정하자.

상승 시나리오 AI 서버 투자가 지속적으로 확대된다. 대형 기술 기업들의 설비 투자는 2025년에도 전년 대비 30% 이상 증가한다. 고대역폭메모리 수요가 공급을 초과하며, 관련 기업의 매출과 이익률이 동시에 개선된다.

하락 시나리오 대형 기술 기업들의 AI 투자 수익성이 기대에 미치지 못한다는 평가가 확산된다. 일부 기업이 설비 투자 계획을 하향 조정한다. AI 반도체 공급망의 과잉 투자 우려가 대두되며, 주가가 급격히 조정된다. 미중 기술 갈등이 심화되어 수출 규제가 강화되는 시나리오도 배제할 수 없다.

이 두 시나리오를 나란히 놓고, 각각의 발생 확률과 영향도를 평가한다. 상승 확률이 높다고 판단하더라도, 하락 시나리오가 현실화됐을 때의 손실 규모를 먼저 확인한다. 그 손실을 감내할 수 있는 규모로만 진입한다. 이것이 확증 편향을 구조적으로 차단하는 방법이다.

하락 시나리오를 먼저 쓰라. 상승 시나리오는 그다음이다. "이미 가격에 반영됐는가"를 묻지 않으면, 호재에 사서 호재에 물린다.

시장에는 유명한 격언이 있다. "소문에 사고, 뉴스에 팔아라." 이 격언은 시장의 가격 형성 원리를 정확하게 포착하고있다. 가격은 미래를 미리 반영한다. 좋은 소식이 공식 발표되는 시점에 주가가 최고점을 찍는 경우가 빈번한 이유다.

2024년의 금리 인하 기대감 국면이 교과서적 사례다. 시장은 연준이 실제로 금리를 인하하기 한참 전부터 인하를 가격에 녹여넣었다. 미국 국채 10년물 금리는 2023년 10월 5%를 고점으로 하락세로 선환했고, 시장은 이 하락 자체를 '인하 선반영'으로 해석하며 성장주를 사들였다. 부동산 관련주도 기대감만으로 올랐다.

문제는 이 '기대감의 가격 반영'이 이미 완료된 시점에서 뒤늦게 진입한 투자자들이다. "금리 인하는 확실하니까"라는 논리로 매수했지만, 시장은 이미 그 호재를 소화한 뒤였다. 2024년 9월 연준이 실제로 첫 인하를 단행했을 때, 일부 영역은 오히려 차익 실현 매물로 하락했다. 소문에 사서 뉴스에 팔리는 전형적 패턴이 작동한 것이다.

정보가 아무리 좋아도, 그 정보가 이미 가격에 반영되어 있다면, 추가 상승의 여력은 제한적이다. 오히려 기대가 현실로 확인되는 순간, 이익 실현 매물이 쏟아질 수 있다.

"이 호재는 현재 가격에 얼마나 반영되어 있는가. 추가로 반영될 여지가 남아 있는가."

이 질문을 건너뛰면, 호재에 매수하고 호재에 물리는 역설을 반복하게 된다. 이 역설의 근본 원인도 확증편향이다. 좋은 소식만 보이고, 그 소식이 이미 가격에 녹아있다는 사실은 보이지 않는다.

기회비용이라는 보이지 않는 손실

확증편향이 만드는 또 하나의 함정은 '기회비용의 망각'이다. 특정 종목에 확신을 갖고 붙들고 있는 동안, 같은 자본으로 더 높은 수익을 올릴 수 있었던 대안은 보이지 않게 된다.

2024년 하반기, 레거시 반도체가 재고 조정으로 횡보하는 동안, 방산·조선·원전 영역은 구조적 성장의 초입에 있었다. 글로벌 방위비 증가와 상선 발주 회복의 수혜를 받으며 관련 종목들은 신고가를 갱신하고 있었다. 반도체에 묶여 있던 자본은 이 기회를 포착할 수 없었다. 계좌의 숫자는 변하지 않았지만, 실제로는 기회비용이라는 보이지 않는 손실이 쌓이고 있었다.

탑다운 사고는 이 기회비용을 최소화한다. 시장 전체를 조망하기 때문에, 특정 영역의 힘이 약해지면 자연스럽게 시선이 다른 곳으로 이동한다. 종목에 갇혀 있지 않기 때문이다. 종목에 대한 집착은 확증 편향의 가장 강력한 연료다. 탑다운은 그 연료를 차단한다.

시장과의 싱크로율을 맞추는 삶

예측이 아니라 대응이 수익을 만든다

이 챕터의 핵심을 한 문장으로 압축하면 이것이다.
투자는 맞히는 게임이 아니라, 대응하는 게임이다.

맞히려는 투자자는 시장 앞에 선다. 시장보다 먼저 움직이려 한다. 시장이 아직 확인하지 않은 미래를 미리 단정하고, 그 단정 위에 자본을 올린다. 이것은 용기가 아니라 오만이다. 그리고 시장이 예상과 다르게 움직이는 순간, 이 투자자는 대응하는 것이 아니라 반응한다. 당황하고, 얼어붙고, 감정적으로 흔들린다.

대응하는 투자자는 시장 뒤에 선다. 시장이 먼저 방향을 보여주면, 그 방향을 확인한 뒤 속도를 맞춘다. 시장이 가면 따라가고, 시장이 멈추면 함께 멈추고, 시장이 꺾이면 빠져나온다. 이것은 비겁함이 아니라 생존 전략이다.

"시장보다 앞서지 말고, 시장의 뒤에서 속도를 맞추라."

이 원칙이 쉬워 보이는가. 쉽지 않다. 인간의 본능은 앞서고 싶어 한다. 남들보다 먼저 사고, 남들보다 먼저 팔고, 남들이 모르는 것을 알고 싶어 한다. 이 본능이 예측을 만들고, 예측이 확증 편향을 만들고, 확증편향이 반응적 매매를 만들고, 반응적 매매가 계좌를 파괴한다. 이 연쇄는 필연적이다.

시장과의 싱크로율을 높인다는 것은, 이 연쇄를 끊어내는 훈련이다. 내 생각보다 시장의 움직임을 우선시하는 것이다. 내가 옳다고 느끼는 것보다, 시장이 보여주는 것을 먼저 수용하는 것이다.

이것은 자존심의 문제가 아니다. 돈의 문제다. 시장에서 자존심을 지키면 돈을 잃고, 돈을 지키면 자존심이 상한다. 프로는 항상 돈을 선택한다.

매 거래일 장이 시작되기 전, 스스로에게 이 질문을 던져라.

"오늘 나는 시장을 맞히려 하는가, 시장에 대응하려 하는가."

이 질문에 정직하게 답할 수 있는 날이 많아질수록, 당신의 계좌는 시장과 같은 방향을 향하게 된다. 예측이 아닌 전망을 하고, 반응이 아닌 대응을 하게 된다. 그것이 탑다운 추세추종의 전부이며, 이 책이 당신에게 전하고 싶은 단 하나의 메시지다.

결국 투자자의 성장이란, 더 복잡해지는 과정이 아니다. 더 단순해지는 과정이다. 시장을 이기려는 오만을 내려놓고, 시장과 함께 걷는 겸손을 선택하는 과정이다. 그 선택이 매일 반복될 때, 계좌는 조용히 우상향한다.

시장을 이기려 하지 마라.
시장과 함께 걸어라.
그것이 살아남는 자의 태도다.

제3장

탑다운 사고와 시장 싱크로로율

내 계좌 수익률이 곧 싱크로로율이다

계좌가 증명하는 나의 시장 위치

많은 트레이더는 자신의 성과를 능력의 문제로 설명하려 한다. 수익이 나면 "잘 들어갔다"고 생각하고, 손실이 나면 "타이밍이 좋지 않았다"고 말한다.

계좌를 조금 다른 시선에서 바라보면, 그것은 내가 얼마나 잘 맞혔는지를 보여주는 지표가 아니다. 내가 시장의 흐름과 얼마나 같은 방향에 서 있었는지를 기록한 결과에 가깝다.

이 지점을 분명히 하기 위해 가장 단순한 형태의 이동평균선을 떠올려 보자. 짧은 기간의 이동평균선이 긴 기간의 이동평균선 위에 있을 때는 보유하고, 아래로 내려오면 정리한다. 오직 시장의 방향 변화에만 반응하는 방식이다.

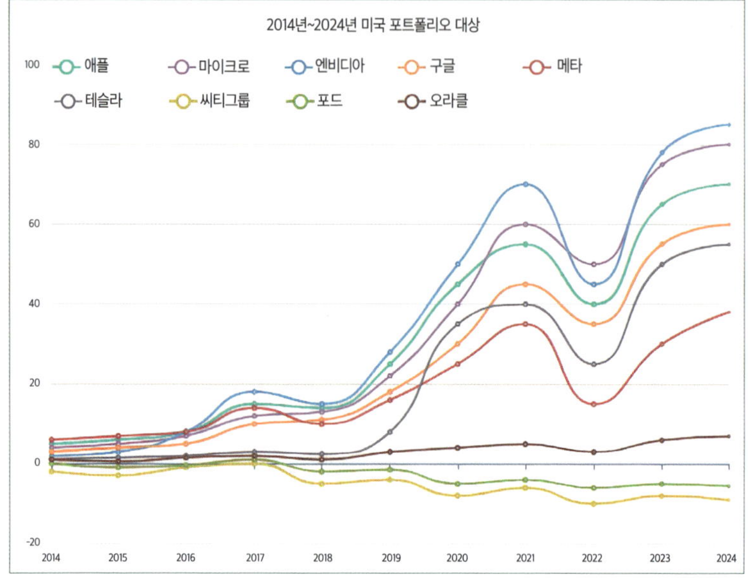

자료: Jakub Polec, Medium (2024.07.01)

이 기준을 오랜 기간에 걸쳐 적용해 보면, 누적 수익률 곡선은 시장의 큰 흐름과 비슷하되, 단순히 시장지수를 따라가는 것보다는 훨씬 높은 수치가 나타난다. 상승장에서는 함께 올라가고, 하락장에서는 손실이 제한되며, 횡보 구간에서는 성과가 둔화된다. 화려하지는 않지만, 시장의 방향과 분명히 같은 쪽을 향한 결과다.

이 결과의 의미는 "이 전략이 좋다"가 아니다. 핵심은 아무 생각 없이 방향에만 맞춰도 이 정도 결과가 나온다는 사실이다. 결과를 가르는 것은 복잡한 방법이 아니라, 시장과 같은 방향에 서 있었는지다.

이 기준선을 놓고 자신의 계좌를 바라보자. "왜 나는 더 잘 못 벌었을까"가 아니라, "나는 이 기준선보다 위에 있었는가, 아래에 있었는가"를 묻게 된다. 만약 시장보다 성과가 나빴다면, 문제는 전략의 복잡함이나 정보의 부족이 아닐 가능성이 크다. 시장의 방향과 다른 위치에서 반복적으로 선택했을 가능성이 높다.

시장이 한 방향으로 움직이는 구간에서도 결과는 극명하게 갈린다. 같은 상승장, 같은 하락장 안에 있었는데 어떤 계좌는 꾸준히 늘고, 어떤 계좌는 제자리이거나 오히려 줄어든다. 이 차이의 근본적인 원인은 시장과 얼마나 같은 방향에 서 있었는가, 즉 싱크로율에 있다.

싱크로율이 높다는 것은 복잡한 의미가 아니다. 시장이 위로 움직일 때 내 포지션도 같은 방향을 향하고 있었는지, 시장이 쉬어갈 때 불필요하게 반대로 베팅하지 않았는지를 묻는 것이다. 완벽한 일치는 불가능하다. 중요한 것은 큰 방향에서 벗어나지 않았는지다.

싱크로율이 낮아지는 과정은 대부분 비슷하다. 상승 흐름 속에서 조정을 이유로 매도를 반복하거나, 하락 흐름 속에서 싸 보인다는 이유로 매수를 시도한다. 이런 선택이 쌓이면 계좌는 시장과 다른 곡선을 그리기 시작한다.

계좌를 보면 지금 내가 시장과 같은 방향에 있는지, 어긋나 있는지를 알 수 있다. 싱크로율을 점검한다는 것은 기법을 바꾸는 일이 아니라, 먼저 위치를 점검하는 일이다.

이 질문에 익숙해지면 매매의 초점도 바뀐다. 종목에 집중하기보다, 시장 전체가 어떤 상태에 있는지를 먼저 보게 된다. 계좌는 실력의 증명이 아니라, 시장과의 관계를 보여 주는 지표로 기능한다.

시장 → 자산 → 섹터 → 종목, 이 순서를 지켜라

전체에서 부분으로, 탑다운 사고의 원칙

시장과의 싱크로율을 높이기 위한 가장 효과적인 방법은, 무엇을 보느냐보다 어떤 순서로 보느냐를 바꾸는 데서 시작된다. 그 사고의 순서를 정리한 것이 탑다운 사고다.

탑다운 사고는 복잡한 분석 기법이 아니다. 시야를 어디서부터 좁혀 내려올 것인가에 대한 원칙에 가깝다.

많은 트레이더는 HTS를 켜자마자 눈에 띄는 차트, 뉴스, 갑자기 거래가 늘어난 종목에 집중한다. 그 종목이 오를지 내릴지를 고민한다. 이 방식이 익숙한 이유는 간단하다. 가장 빠르게 결론에 도달할 수 있기 때문이다.

이 사고 순서는 시장과 어긋나기 쉬운 구조를 만든다.

종목에서부터 시작하면, 시장이 어떤 상태에 있는지, 자금이 어느 쪽으로 움직이고 있는지는 보이지 않는다. 이미 관심을 가진 종목이 있고, 그 종목을 설명할 이유를 찾기 시작한다. 사고는 좁아지며, 전체 흐름보다 하나의 이야기에 갇히게 된다.

탑다운 사고는 이 출발점을 시장으로 옮긴다.

- 첫 번째, 시장 전체의 방향을 파악한다. 글로벌 금리 정책, 환율의 방향성, 유동성의 규모, 주요국의 경제 성장률, 지정학적 리스크. 시장의 큰 물줄기를 결정하는 변수들을 본다. 이 단계에서는 '위험

자산 선호' 국면인지, '안전 자산 선호' 국면인지를 판단하는 것이 핵심이다.

- 두 번째, 자산군을 비교한다. 거시환경 분석을 바탕으로, 현재 어떤 종류의 자산이 가장 유리한지 판단한다. 주식, 채권, 원자재, 부동산, 현금 등 주요 자산군 간의 상대적 매력도를 비교한다. 금리인하가 예상되는 완화적 환경이라면, 주식과 같은 위험자산이 채권보다 유리할 수 있다. 우리의 자본을 어떤 배에 태울지 결정하는 과정이다.

- 세 번째, 섹터를 선별한다. 주식투자를 결정했다면, 다음은 섹터다. 같은 시장 안에서도 자금은 특정 영역으로만 몰리는 경향이 있다. 섹터는 '테마'가 아니라, 자금이 머무는 장소에 가깝다. 섹터를 본다는 것은 시장 안에서 자금이 어디에 오래 머물고 있는지를 확인하는 과정이다.

- 마지막으로, 대장주를 발굴한다. 가장 유망한 주도 섹터 내에서 가장 강력한 모멘텀과 펀더멘털을 가진 종목을 찾는다. 같은 섹터 내에서도 모든 종목이 똑같이 움직이지 않는다. 시장을 선도하는 1등주와 그 뒤를 따르는 2, 3등주를 구분하고, 가장 강력한 엔진을 단 배에 올라타는 것이 핵심이다. 이 단계에서 재무분석, 기술적 분석 등 전통적인 종목 분석 기법이 활용된다.

탑다운 사고는 막연한 시장을 명확한 구조로 분해하여, 어디에 집중해야 할지를 제시한다. 시장 전체가 한 방향으로 움직이고 있다면, 개별 종목의 일시적인 흔들림은 노이즈로 받아들일 수 있다. 시장 흐름과 맞지 않는 움직임이라면, 아무리 그럴듯해보여도 한 발 물러설 여유가 생긴다.

이는 불필요한 매매를 줄이고, 포지션을 더 오래 유지하게 만든다.

탑다운 사고는 더 많은 기회를 찾기 위한 방식이 아니다. 하지 말아야 할 선택을 먼저 줄이는 사고 방식에 가깝다. 이 과정을 거치면, 시장과 어긋나는 위치에 서 있을 가능성 자체가 낮아진다. 싱크로율은 자연스럽게 높아진다.

결국 탑다운 사고는 예측을 잘하기 위한 도구가 아니다. 시장과 같은 방향에 서 있기 위한 최소한의 구조다. 이 구조가 유지되는 한, 덜 흔들리고 결과는 더 안정된다.

이기는 트레이더가 아니라, 살아남는 트레이더

조급함이 아니라, 시선의 위치가 손실을 만든다

시장에서 계좌가 흔들리는 순간을 되짚어 보면, 특별한 실수 때문이 아닌 경우가 대부분이다. 단지 시장의 움직임과 어긋난 상태에서 대응이 이어졌을 뿐이다. 흐름이 형성되기 전에 먼저 나가거나, 이미 흐름이 약해졌는데 그대로 머무를 때 계좌는 불안정해진다.

시장을 대하는 방식의 차이는 생각보다 단순한 곳에서 드러난다. 어떤 사람은 매매에 들어간 뒤 계속 화면을 확인한다. 지금 움직임이 내 기대와 맞는지, 내가 잘 들어간건지를 점검한다. 어떤 사람은 시장을 바라보는 시간이 더 길다. 당장 결과가 나오지 않아도, 흐름이 유지되고 있는지만 확인한다. 이 차이는 사고의 문제가 아니라, 시선을 어디에 두고 있느냐의 차이다.

엇박자가 나는 순간은 대부분 비슷하다. 아직 움직임이 만들어지지 않았는데 먼저 몸이 반응하거나, 이미 흐름이 깨졌는데 기존 생각을 붙잡고 있을 때다. 이때 계좌의 손실은 단순한 숫자가 아니라, 시장에서 내가 얼마나 어긋나 있었는지를 보여주는 흔적이 된다.

시장과 멀어질수록 마음은 조급해지고, 대응은 거칠어진다.

시장과 동기화된 트레이더는 이 지점에서 다르게 움직인다. 시장을 이겨야 할 대상으로 보지 않는다. 같은 방향으로 걷는 대상으로 본다. 매매의 기준도 달라진다. 무엇을 맞힐지보다, 지금 흐름이 이어지고 있는지를 먼저 본다. 흐름이 유지되는 동안에는 불필요하게 흔들리지 않고, 흐름이 깨지면 미련없이 물러난다.

이 차이는 하루 이틀의 성과에서는 잘 드러나지 않는다. 시간이 쌓일수록 분명해진다. 시장과 동기화된 트레이더의 계좌는 급격히 튀지 않는다. 큰 방향과 함께 움직이며, 불필요한 손실 구간을 반복하지 않는다. 시장과 어긋난 선택이 잦은 계좌는, 가끔 큰 수익이 나더라도 그 뒤에 반드시 더 큰 흔들림이 따라온다.

이런 차이가 재능이나 감각에서 나오는 것이 아니라는 점이 중요하다. 시장과 동기화된 사람들은 특별히 더 잘 맞히는 사람이 아니다. 단지 자기 생각을 시장보다 앞세우지 않는다. 시장이 먼저 움직이고, 자신은 그 뒤에서 속도를 맞춘다. 이 순서가 지켜질수록 행동은 차분해지고, 계좌는 불필요하게 닳지 않는다.

추세추종은 '이기는 전략'이 아니라 '살아남는 구조'에 가깝다. 모든 구간에서 수익을 내려하지 않고, 시장이 허락한 구간에서만 함께 움직인다. 이 과정에서 중요한 것은 용기가 아니라 절제다. 더 벌기 위해 나서는 용기보다, 나설 필요가 없을 때 멈추는 절제가 성과를 만든다.

시장과 동기화된다는 것은, 시장을 통제하려는 생각을 내려놓는 일이다. 내가 중심이 되는 순간, 시장은 언제나 나를 벗어난다. 시장을 중심에 두면, 나는 그 흐름 안에서 자연스럽게 자리를 찾게 된다.

이 차이가 바로, 오래 남는 트레이더와 사라지는 트레이더를 가르는 기준이다.

"오늘 나는
시장을 맞히려 하는가,
시장에 대응하려 하는가."

PART 2

실전 무기

종목을 '고르고', 타이밍을 '잡는 기술'

제1장

매매 습관:
아는 것을 실행으로 바꾸는 시스템

배움은 출발점이고, 습득이 전환점이다

지식이 아니라, 행동으로 연결될 때 수익이 시작된다

주식시장에서 우리는 끊임없이 배운다. 새로운 이론을 익히고, 다양한 지표를 공부하며, 수많은 사례를 분석한다. 그럼에도 많은 투자자가 같은 질문 앞에 서게 된다.

"도대체 얼마나 더 공부해야 수익이 날까?"

답은 예상외로 단순하다. 배움은 지식을 쌓는 과정이지만, 수익은 지식이 '행동 체계'로 전환될 때 비로소 발생한다. 배움은 이해의 단계이고, 습득은 실행의 단계다. 시장은 이해한 사람에게 보상을 주는 곳이 아니라, 반복적으로 실행할 수 있는 사람에게 기회를 주는 공간이다.

지식은 쌓이지만, 체계는 만들어지지 않는다

많은 개인투자자는 기술적 분석, 기본적 분석, 재료적 분석을 각각 따로 배운다. 이동평균선의 의미를 알고, 산업 사이클의 개념을 이해하며, 뉴스가 가격에 미치는 영향을 공부한다. 이 파편화된 지식들이 하나의 흐름으로 연결되지 않는다면, 실제 매매에서는 힘을 발휘하지 못한다.

이 책에서 반복적으로 강조해 온 '탑다운 추세추종' 사고방식은 단순한 이론이 아니다.

생태계 특성 이해 > 국면 인지 > 지수 > 섹터 및 테마 > 종목

이 구조가 머릿속에 있는 것만으로는 부족하다. 실제 매매 판단 과정에서 자연스럽게 작동해야 한다. 배움은 이 구조를 이해하는 단계이며, 습득은 이 구조가 의식하지 않아도 작동하는 단계다. 수익은 그 이후에 따라오는 결과일 뿐이다.

시장은 시험장이 아니라 확률의 공간이다

배움의 관점에서는 시장을 '정답이 존재하는 문제'처럼 바라보게 된다. 금리가 오르면 하락할 것이라 생각하고, 실적이 개선되면 상승할 것이라 단정한다. 시장은 항상 예외를 동반한다. 동일한 재료에도 가격

은 다르게 반응하며, 논리보다 심리가 먼저 움직이기도 한다.

시장은 설명 가능한 변동성과 예측 불가능한 무작위성이 동시에 존재하는 공간이다. 확신이 아니라 확률을 기반으로 접근해야 한다.

배움은 '왜 그런가'를 이해하는 과정이다. 습득은 '그럼에도 불구하고 어떻게 대응할 것인가'를 실행하는 과정이다. 시장에는 절대란 존재하지 않는다. 살아남는 것은 유연하게 대응하는 투자자뿐이다.

습득은 반복 속에서 만들어진다

습득은 한 번의 이해로 완성되지 않는다. 기록과 복기, 개선의 반복속에서 만들어진다. 손실이 발생했을 때 원칙대로 손절을 실행할 수 있는지, 수익이 발생했을 때 계획된 분할 매도를 유지할 수 있는지. 이러한 행동의 일관성이 쌓일 때 비로소 체계가 완성된다.

많은 투자자가 손절의 필요성을 알고 있다. 실제로 실행하지 못한다. 이것이 배움과 습득의 차이다.

대수의 법칙은 단 한 번의 거래에서 작동하지 않는다. 충분한 반복이 있어야 확률적 우위가 현실화된다. 습득은 바로 이 반복을 가능하게 만드는 힘이다.

스마트머니의 차이는 '정보'가 아니라 '내재화된 시스템'이다

스마트머니는 더 많은 정보를 가진 집단이기 이전에, 감정을 배제한 시스템을 운용하는 집단이다. 자금 규모를 계산하고, 손실 한도를 설정하며, 기대값을 분석하고, 시나리오별 대응을 준비한다.

이는 지식의 문제가 아니라 체계의 문제다. 개인 투자자가 스마트머니를 이기려 하기보다, 그들의 흐름을 이해하고 추종해야 하는 이유도 여기에 있다. 탑다운 관점은 그 흐름을 읽기 위한 도구이며, 이를 반복적으로 실행할 수 있을 때 습득의 단계에 들어서게 된다.

수익은 목표가 아니라 구조의 결과다

많은 투자자가 수익을 직접적으로 추구한다. 수익은 목표가 아니라 구조가 올바르게 작동한 결과다.

확률적 사고를 유지하고, 리스크를 관리하며, 시장 국면을 인지하고, 섹터의 흐름을 따라가며, 대장주를 선택하는 과정이 반복될 때, 수익은 자연스럽게 따라온다.

돈을 좇기보다 시장과 함께 호흡하는 투자자가 되어야 한다는 말은, 결국 이 구조를 내면화하라는 뜻이다. 배움은 출발점이다. 습득은 전환점이다. 수익은 그 이후의 결과다.

기록이 쌓여야 복기가 되고, 복기가 쌓여야 실력이 된다

단순한 매매 기록이 아닌, 체계적 복기로 연결하라

주식시장은 늘 변한다. 같은 전략이더라도 시점이 달라지면 결과는 달라지고, 동일한 재료에도 가격은 다른 방향으로 움직인다. 단 한 번의 성공이나 실패에 의미를 둘 필요는 없다. 중요한 것은 개별 결과가 아니라 반복 속에서 드러나는 구조다.

기록과 복기는 이 구조를 드러내는 과정이다. 이를 통해서만 성과는 안정적으로 축적된다.

많은 투자자가 매매 일지를 작성한다. 이러한 노력에도 성과로 이어지는 사람은 극히 일부다. 대부분 기록을 그저 '남기는 것'에서 멈추기 때문이다. 매수·매도 가격, 수익률을 적는 행위는 결과를 저장하는 단순 작업일 뿐이다. 성과로 전환되는 지점은 그 기록이 자신의 매매 체계를 점검하는 도구로 활용될 때다.

기록은 세분화된 데이터의 축적이어야 한다. 왜 진입했는지, 당시 시장 국면은 어땠는지, 지수와 섹터의 흐름은 무엇이었는지, 손절 기준은 명확했는지까지 남겨야 한다. 그래야 매매는 점이 아닌 선으로 연결된다.

복기는 결과가 아니라 '과정'을 점검하는 일이다

복기의 핵심은 수익이 났는가, 손실이 났는가가 아니다. 내가 어떤 구조 안에서 매매했는지를 돌아보는 일이다.

손실이 발생했다면 단순히 운이 나빴다고 결론내릴 수 없다. 시장 국면을 잘못 해석했는지, 지수 흐름과 반대 방향의 매매를 했는지, 섹터 순환을 무시했는지, 감정이 개입된 순간은 언제였는지를 점검해야 한다.

이 과정이 반복되면 자신의 약점과 강점이 드러난다. 특성 시산대에 무리한 진입을 반복하거나, 손실 이후 만회 심리로 과도한 포지션을 잡는 패턴이 보이기 시작한다. 그 순간이 전환점이다.

주식시장은 확률의 공간이다. 개별 거래는 우연의 영향을 받지만, 충분한 표본이 쌓이면 자신의 전략이 기대값을 가지는지 확인할 수 있다. 승률과 손익비를 동시에 점검하고, 장기적으로 양$(+)$의 기대값이 유지되는지를 분석해야 한다. 기록이 축적되면 전략의 우위를 객관적으로 판단할 수 있다. 이것이 배움과 습득의 차이다.

개선은 전략 변경이 아니라 시스템 정교화다

개선은 전략을 바꾸는 일이 아니다. 체계를 정교하게 만드는 일이다.

손실의 상당 부분이 지수 하락 국면에서 발생했다면, 신규 진입 조건에 '시장'에 대한 필터를 추가해야 한다. 특정 섹터에서 반복적으로 성공했다면, 그 공통 조건을 정의해 재현 가능성을 높일 수 있다.

이러한 수정이 누적되면 매매는 점점 단순해지고, 감정의 개입은 줄어든다. 감정이 줄어들수록 매매는 안정되고, 안정된 실행이 반복될 때 성과는 누적된다.

트레이딩은 결국 자신을 알아가는 과정이다. 기록은 자신의 심리를 드러내는 거울이고, 복기는 그 거울을 통해 약점을 수정하는 작업이다. 이를 외면하지 않고 구조 안에서 교정할 때, 매매는 비로소 체계로 자리 잡는다.

시장은 책 한 권, 강의 한 번으로 정복되는 공간이 아니다. 반복된 전투 속에서 전략을 다듬고 무기를 업그레이드하는 사람만이 생존한다. 기록은 전투의 기록이고, 복기는 전략의 점검이며, 개선은 무기의 정비다. 이 세 과정이 반복될 때 투자자는 확률적으로 유리한 위치에 서게 된다.

탑다운 사고가 무의식이 될 때까지 반복하라

사고의 순서를 고정하라

탑다운 사고는 이 책의 핵심이다. 생태계를 이해하고, 시장 국면을 인지하고, 지수의 위치를 점검한 뒤, 자금이 몰리는 섹터를 거쳐 종목으로 압축해 들어가는 사고의 흐름. 이 순서가 유지될 때 매매는 확률적으로 유리해진다.

문제는 이해와 실행 사이의 간극이다.

대부분의 투자자는 탑다운 사고 과정을 이해하고 있다고 말한다. 실제 매매에서는 종목부터 보인다. 급등하는 차트가 시선을 끌고, 뉴스가 판단을 앞선다. 그 순간 사고의 출발점은 이미 종목으로 이동한다.

알고는 있지만 지켜지지 않는 것이다.

탑다운 사고를 무의식으로 만든다는 것은 생각하지 않는다는 뜻이 아니다. 반복된 훈련을 통해 사고의 순서가 내면화되어, 의식하지 않아도 먼저 시장이 떠오르는 상태를 의미한다. 종목을 보기 전에 지수가 먼저 보이고, 지수를 보기 전에 국면이 먼저 인식되는 상태. 이 단계에 이르러야 비로소 탑다운은 실력이 된다.

이를 위해서는 사고의 순서를 스스로 강제해야 한다. 매매 전 반드시 시장 국면을 점검하고, 지수의 위치를 확인하며, 자금이 유입되는 섹터를 살핀 뒤 종목으로 들어가는 습관을 들여야한다. 이 과정을 생략하지 않는 규칙을 만들어야 한다.

처음에는 의식적으로 반복해야 한다. 시간이 지나면 이 순서는 자연스러운 흐름이 된다. 종목을 보는 순간 동시에 지수의 위치가 떠오르고, 매수를 고민하는 순간 섹터의 방향이 함께 스친다. 사고의 순서는 훈련으로 만들어진다.

하루를 종목이 아니라 '흐름'으로 복기하라

훈련은 장중에만 이루어지지 않는다. 장이 끝난 뒤 하루를 어떻게 정리하느냐가 더 중요하다.

오늘 시장은 어떤 분위기였는지, 지수는 어디서 힘을 받았는지, 어떤 분야에 자금이 집중되었는지, 그 안에서 실제로 주도했던 종목은 무엇이었는지를 돌아보아야 한다.

단순히 "어떤 종목이 올랐다"로 정리하면 생각은 다시 개별 종목에 머문다. "왜 오늘 그 종목이 움직였는가"를 묻는 순간 시야는 넓어진다.

손실이 발생했을 때도 마찬가지다. 종목 선택의 문제로만 결론내리지 말고, 그 매매가 당시 시장 흐름과 어긋나 있었는지를 먼저 돌아보아야 한다. 전체 방향과 반대로 들어간 것은 아닌지, 이미 힘이 빠진 구간에서 뒤늦게 쫓아간 것은 아닌지를 점검해야 한다.

이 질문이 반복되면 어느 순간 매수 전에 스스로 묻게 된다.

"지금 이 매매가 전체 흐름과 맞는가."

이 질문이 자연스럽게 떠오르면, 사고는 이미 훈련되어 있는 것이다.

시장은 불확실하다. 변동성을 100% 확률로 피할 수 없다. 그 속에서 감정은 가장 큰 변수다. 생각의 방향이 몸에 배어 있다면 충동은 한 번 걸러진다. 급등에도 쉽게 들뜨지 않고, 공포에도 쉽게 무너지지 않는다.

결국 탑다운 사고를 무의식으로 만드는 훈련은 복잡한 기법이 아니다. 반복이다. 같은 방향으로 시장을 보고, 같은 순서로 판단하고, 같은 기준으로 되돌아보는 과정의 축적이다.

제2장

무조건 이기는 분석: 선정 → 확인 → 매매 결론 내리기

기본적 분석으로 1차 필터링

관심 없는 종목을 걸러내는 첫 관문

주식시장은 항상 불확실하다. 같은 재료에도 가격은 다르게 움직이고, 같은 실적에도 주가는 엇갈린다.

트레이딩에서 기본적 분석은 "좋은 기업을 찾는 기술"이 아니다. 그보다 먼저, 관찰할 가치가 없는 종목을 제거하는 첫 번째 관문에 가깝다.

시장은 수많은 종목으로 구성되어 있지만, 실제로 관심을 받는 기업은 제한적이다. 특히 스윙 트레이딩처럼 일정 기간을 전제로 한 매매는 단기 이슈나 기대감만으로는 추세가 이어지기 어렵다. 기본적 분석은 이 지점에서 출발한다. 기업의 시간, 가격, 반복되는 흐름을 통해 이 종목이 추세를 만들어갈 자격이 있는지를 판단하는 작업이다.

산업이 어느 계절에 있는지가 먼저다

기본적 분석에서 '시간'은 단순한 기간의 개념이 아니다. 기업이 지나온 흐름과 앞으로 향할 방향을 함께 바라보는 시각이다.

산업은 도입, 성장, 성숙, 쇠퇴의 단계를 거친다. 이 산업의 흐름 속에서 기업의 위치를 파악하는 것이 기본적 분석의 출발점이다.

도입 단계에서는 수익성보다 생존 가능성이 중요하다. 성장 단계에서는 시장 점유율과 확장 속도가 핵심이 된다. 성숙 단계에서는 안정적인 현금흐름과 수익 구조가 중요해진다. 쇠퇴 단계에서는 혁신 전환 여부가 관건이다.

트레이딩에서 특히 중요한 것은 '성장 단계에 있는 산업과 그 중심에 있는 기업'이다. 산업이 확장 국면에 있고, 그 안에서 기업의 매출과 이익이 실제로 증가하고 있다면, 그 기업은 단순한 테마 종목이 아니라 자금이 머물 수 있는 대상이 된다.

기본적 분석의 첫 질문은 이것이다. 이 산업은 지금 어느 단계에 있는가. 이 기업은 그 흐름 속에서 어떤 위치에 있는가. 성장이 숫자로 확인되고 있는가.

매출이 전년 대비 증가하고 있는지, 영업이익이 개선되고 있는지, 분기 실적이 우상향 흐름을 보이고있는지를 점검해야한다. "위험이 크지 않다"는 수준으로는 부족하다. 시장은 정체된 기업보다 성장하는 기업에 자금을 배치한다.

시간의 흐름 속에서 성장하고 있는 기업만이 다음 단계로 넘어갈 자격이 있다.

실적은 나오는데 주가가 안 따라온 구간을 찾아라

기업의 가치는 숫자로 표현되지만, 주가는 심리로 움직인다. 기본적 분석에서 가격은 단순한 매매 단가가 아니다. 기업의 가치에 대한 시장의 평가다.

내재 가치와 시장가격 사이에는 언제나 간극이 존재한디. 그 간극이 기회가 되기도 하고, 위험이 되기도 한다.

기업의 실적이 개선되고 있음에도 시장가격이 이를 충분히 반영하지 못하고 있다면, 주가는 상승추세로 전환될 가능성이 높다. 실적 개선이 미미한데 가격이 과도하게 상승했다면, 기대가 앞선 구간일 수 있다.

트레이딩 관점에서는 절대가치 산출에 집착할 필요가 없다. 중요한 것은 '기업의 성장 속도 대비 시장의 평가가 과도한지, 아직 덜 반영되었는지'를 판단하는 일이다.

가격은 항상 기대를 선반영한다. 기본적 분석은 그 기대가 숫자로 뒷받침되고 있는지를 확인하는 과정이다.

한 분기 서프라이즈는 추세가 아니다

기본적 분석에서 패턴은 재무제표와 실적 흐름 속에서 반복적으로 나타나는 특징이다. 분기마다 매출이 꾸준히 증가하는 기업, 영업이익률이 점진적으로 개선되는 기업, 현금흐름이 안정적으로 축적되는 기업. 이러한 반복은 단순한 숫자의 나열이 아니다. 기업의 체력과 경쟁력을 보여주는 신호다.

특히 트레이딩에서는 '지속 가능한 실적 흐름'이 중요하다. 일회성 흑자 전환이나 특정 분기의 급증은 추세를 만들기 어렵다. 몇 분기 이상 이어지는 개선 흐름은 시장의 신뢰를 형성한다.

산업 수준에서도 패턴은 존재한다. 특정 산업 내 다수 기업이 유사한 매출 성장 흐름을 보인다면, 이는 산업 전반의 확장 국면을 의미한다. 개별 기업 분석과 산업 분석이 결합되면 더 높은 확률의 판단이 가능해진다.

기본적 분석은 종목을 확신하기 위한 도구가 아니다. 관찰할 가치가 없는 종목을 지워내고, 성장과 방향성이 확인된 기업만 남기는 과정이다. 트레이딩은 단기라 할지라도 결국 추세를 타는 행위다. 추세는 성장과 함께 움직인다. 첫 번째 관문을 통과하지 못한 종목은 다음 단계로 넘어갈 자격이 없다.

기술적 분석으로 타이밍 확정

무엇을 살지보다, 언제 살지를 결정하라

기본적 분석이 종목을 걸러내는 과정이라면, 기술적 분석은 그 종목에 언제 진입할지를 결정하는 단계다.

좋은 기업을 발견했다고 해서 곧바로 수익이 나는 것은 아니다. 성장하는 기업이라도 잘못된 구간에서 매수하면 오랜 시간 손실을 견뎌야 한다. 평균적인 기업이라도 상승추세가 형성되는 시점에 진입하면 단기 수익은 가능하다.

트레이딩의 핵심은 '무엇을 살 것인가' 이전에, '언제 살 것인가'에 있다. 그 판단을 돕는 도구가 기술적 분석이다.

문봉에 속지 말고, 주봉에서 방향을 잡아라

주식시장에서 시간은 단순히 흐르는 개념이 아니다. 가격을 빚어내는 힘이며, 추세를 만들어내는 배경이다.

과거의 가격은 흔적을 남기고, 그 흔적은 현재 차트에 축적된다. 우리는 그 축적된 흔적을 해석해 미래의 확률을 추정한다. 기술적 분석이 모든 구간에서 높은 확률을 제공하지는 않는다. 추세가 형성된 구간에서만 유의미하다.

시간 프레임을 구분하는 능력이 중요하다. 월봉은 장기 방향을 보여주고, 주봉은 중기 흐름을 보여주며, 일봉과 분봉은 진입과 청산의 구체적 타이밍을 제시한다.

많은 개인투자자가 분봉의 작은 변동을 크게 느끼는 이유는 심리적 착시 때문이다. 짧은 시간 안의 가격 진폭은 과장되어 보이지만, 장기 추세 속에서는 노이즈에 불과한 경우가 많다.

트레이더는 항상 상위 시간 프레임에서 방향을 확인한 뒤, 하위 시간 프레임에서 진입을 고민해야한다. 장기 상승 추세 안의 조정 구간과, 장기 하락 추세 안의 반등은 전혀 다른 의미를 가진다.

지지와 저항은 선이 아니라 심리가 응축된 자리다

가격은 단순한 숫자가 아니다. 시장 참여자들의 공포와 탐욕, 기대와 실망이 집약된 결과물이다. 기술적 분석은 이 가격의 움직임을 통해 심리를 해석한다.

가격은 상승 추세, 하락 추세, 횡보 추세 중 하나의 흐름을 보인다. 이 세 가지를 구분하는 것만으로도 매매 전략은 달라진다.

상승 추세에서는 고점과 저점이 점진적으로 높아진다. 눌림목에서의 진입이 유리하다. 하락 추세에서는 고점과 저점이 낮아진다. 무리한 매수는 리스크가 크다. 횡보 구간에서는 방향성이 뚜렷하지 않으며, 지지와 저항을 활용한 단기 대응이 효과적일 수 있다.

특히 지지와 저항은 가격 분석의 핵심 개념이다. 가격이 반복적으로 반등하는 구간은 지지로 작용하며, 반복적으로 막히는 구간은 저항이 된다. 이 지점은 단순한 선이 아니라, 시장참여자들의 심리가 응축된 자리다.

지지선이 이탈되거나 저항선이 돌파될 때, 시장의 컨센서스가 바뀐다. 그 순간이 타이밍이 확정되는 구간이다.

거래량 없는 돌파는 돌파가 아니다

차트에는 '반복'이 존재한다. 헤드앤숄더, 이중바닥, 삼각 수렴 같은 패턴은 단순한 도형이 아니라, 시장 참여자들의 집단 심리가 만들어낸 흔적이다.

패턴은 크게 두 가지 신호를 제공한다. 추세의 지속을 의미하는 신호와, 추세의 전환을 암시하는 신호다.

패턴만으로는 충분하지 않다. 반드시 거래량이 동반되어야 한다. 가격이 돌파했지만 거래량이 따라오지 않는다면, 그 돌파는 신뢰도가 낮다. 거래량이 증가하며 형성된 돌파는 강한 의지를 반영한다.

패턴 분석은 과거 데이터를 기반으로 미래의 가능성을 추론하는 작업이다. 확신이 아니라 확률의 영역이다. 기술적 분석은 예측이 아니라 '준비'다.

패턴이 완성되는 구간, 거래량이 동반되는 순간, 지지와 저항이 전환되는 지점. 이 조건들이 겹치는 자리에서 타이밍은 보다 명확해진다.

기본적 분석이 "무엇을 볼 것인가"를 결정하는 단계라면, 기술적 분석은 "언제 행동할 것인가"를 확정하는 단계다. 좋은 종목을 잘못된 시간에 사는 것은 손실로 이어진다. 평범한 종목을 좋은 시간에 사는 것은 수익으로 이어질 수 있다. 트레이딩은 결국 타이밍의 게임이다.

재료적 분석으로 추세의 힘을 점검

뉴스가 아니라, 추세를 만드는 재료를 가려라

시장은 항상 정보와 함께 움직인다. 모든 정보가 추세를 만들지는 않는다.

어떤 뉴스는 하루를 흔들고 끝나며, 어떤 재료는 수개월의 상승을 만들어낸다. 이 차이를 구분하는 능력이 재료적 분석이다. 재료적 분석은 단순히 뉴스를 소비하는 작업이 아니다. 기업의 핵심 정체성과 산업의 방향, 시장 심리와 자금의 움직임을 종합해 '어떤 정보가 실제로 추세를 점화시킬 수 있는지 판단하는 과정'이다.

기본적 분석이 기업의 체력을 확인하는 단계라면, 기술적 분석이 타이밍을 정하는 단계라면, 재료적 분석은 그 체력과 타이밍에 '이유'를 더하는 단계다.

모든 뉴스에는 유통기한이 있다

정보에는 생애가 있다. 발표 직후에는 시장이 가장 빠르게 반응하고, 시간이 지나면 영향력은 점차 희석된다. 재료적 분석에서 시간은 단순한 경과가 아니라, '정보가 시장에 흡수되고 소멸되는 과정'을 의미한다.

기업이 신기술을 개발했다고 발표했다면, 투자자는 단순히 '신기술'이라는 단어에 반응해서는 안 된다. 이 기술이 기업의 핵심 사업과 얼마나 연결되는가. 시장에서 실제 수요로 이어질 가능성이 있는가. 경쟁사 대비 차별성이 존재하는가. 시간이 지날수록 가치가 확대될 가능성이 있는가.

이 질문에 대한 답이 명확할수록, 그 재료는 단기 이벤트가 아니라 추세의 출발점이 될 수 있다.

초기에는 기대감이 가격을 밀어올린다. 시간이 지나면서 시장은 본질을 검증한다. 실질적 성과가 뒤따르지 않으면 가격은 제자리를 찾아간다. 시간이 지나도 재료의 영향력이 유지된다면, 그 재료는 산업의 방향을 바꾸는 신호일 가능성이 높다.

재료적 분석에서 시간은 정보의 속도와 지속성을 동시에 평가하는 기준이다.

뉴스는 화려한데 주기가 안 오르면, 시장은 이미 답을 내린 것이다

가격은 재료에 대한 시장의 평가다. 같은 뉴스라도 어떤 종목은 강하게 반응하고, 어떤 종목은 거의 움직이지 않는다. 이는 재료의 본질보다도, '현재 시장이 무엇에 집중하고 있는지'에 따라 달라진다.

AI 관련 뉴스가 발표되었을 때, 시장의 자금이 이미 AI 섹터에 집중되어 있다면 가격은 민감하게 반응한다. 시장의 관심이 다른 산업으로 이동해 있다면, 같은 뉴스라도 반응은 제한적이다.

투자자는 다음을 판단해야 한다. 이 재료가 현재 시장의 핵심 키워드와 일치하는가. 이미 가격에 상당 부분 반영되어 있는가. 거래량이 동반되고 있는가.

가격이 재료와 함께 급등하며 거래량이 폭증한다면, 단순 기대를 넘어 실제 자금이 유입되고 있다는 신호다. 뉴스는 화려하지만 가격의 상승이 약하다면, 시장은 이미 그 정보를 소화했거나 중요하게 여기지 않는다는 뜻이다.

재료적 분석은 결국 '가격을 통해 재료의 진위를 검증하는 과정'이다.

테마는 사라지지 않는다, 형태를 바꿔 돌아온다

시장은 순환한다. 정책은 반복되고, 산업은 교차하며, 테마는 형태를 바꿔 돌아온다.

과거 정부 정책이 특정 산업을 자극했다면, 유사한 정책이 등장했을 때 비슷한 흐름이 반복될 가능성이 높다. 금리 인상기에는 성장주가 조정을 받고, 완화 국면에서는 유동성이 확장되는 패턴이 나타난다.

재료적 분석에서 패턴은 다음과 같이 축적된다. 첫째, 재료를 단기적 영향과 장기적 영향으로 분류한다. 둘째, 기업의 본질적 경쟁력이 유지되는지를 확인한다. 셋째, 과거 데이터를 바탕으로 재료가 주가에 미치는 패턴을 정리한다. 넷째, 뉴스가 실제 주가 흐름과 어떤 관계를 가지는지를 분석한다. 다섯째, 단기 변동성에 휘둘리지 않고 반복되는 패턴에 따라 대응한다.

이 과정이 쌓이면 뉴스는 더 이상 소음이 아니다. 반복되는 패턴 속에서 의미를 가진다.

재료는 우연히 등장하지 않는다. 자본주의 시장은 정책과 금리, 산업 변화에 따라 순환한다. 금융 장세에서 시작해 실적 장세로 이어지고, 다시 역금융 국면으로 전환되는 흐름 속에서 특정 재료는 반복적으로 시장의 방향을 바꾼다. 이 순환을 이해하지 못하면 뉴스는 단편적 정보에 불과하다.

재료적 분석은 마지막 관문으로 매매에 이유와 동력을 부여한다. 추세는 아무 이유 없이 만들어지지 않는다. 성장과 타이밍 위에 재료가 더해질 때 비로소 불이 붙는다. 그 불이 번질 수 있는지를 판단하는 것이 재료적 분석의 본질이다.

탑다운 사고로 구조 완성

탑다운 사고로 세 가지 분석을 통합하는 방법

많은 투자자가 기본적 분석, 기술적 분석, 재료적 분석을 각각 따로 공부한다. 재무제표를 읽는 법을 배우고, 차트 패턴을 외우고, 뉴스를 해석하는 훈련을 한다. 세 가지 모두 중요하다. 문제는 이 지식들이 하나의 흐름으로 연결되지 않는다는 점이다.

기본적 분석만으로 매수 버튼을 누르면 타이밍을 잃는다. 기술적 분석만으로 들어가면 체력이 없는 종목에 올라탄다. 재료만 보고 뛰어들면 이미 가격에 반영된 뉴스를 쫓게 된다. 세 가지 분석이 따로 놀면 각각의 정확도와 무관하게 매매는 실패한다.

세 가지 분석은 별개의 기술이 아니다. 하나의 매매 결론에 도달하기 위한 연속된 관문이다. 불을 지피는 과정에 비유하면 이해가 빠르다. 기본적 분석은 연료다. 탈 수 있는 나무가 없으면 아무리 불꽃을 튀겨도 불은 붙지 않는다. 기술적 분석은 성냥이다. 연료가 준비되었더라도 불을 붙일 정확한 지점과 타이밍이 필요하다. 재료적 분석은 바람이다. 연료에 불이 붙었을 때, 바람이 불어야 비로소 불길이 번진다. 연료 없는 불꽃은 꺼지고, 성냥 없는 연료는 차갑고, 바람 없는 불꽃은 제자리에 머문다. 세 가지가 맞물려야 추세라는 불길이 타오른다.

체력 없는 종목에 올라타면, 흔들릴 때 기댈 근거가 없다

기본적 분석의 역할은 좋은 종목을 고르는 것이 아니다. 나쁜 종목을 걸러내는 것이다. 시장에는 수천 개의 종목이 존재하지만, 추세를 만들어갈 자격을 갖춘 기업은 소수다. 기본적 분석은 그 소수를 추려내는 거름망이다.

이 거름망의 핵심은 산업의 생애 주기다. 도입기의 기업에는 생존 가능성을 묻고, 성장기의 기업에는 점유율 확장 속도를 묻고, 성숙기의 기업에는 현금흐름의 안정성을 묻는다. 단계마다 기업이 갖춰야 할 자격이 다르다. 트레이딩에서 특히 주목해야 할 것은 성장 단계에 있는 산업, 그리고 그 중심에서 매출과 이익이 실제 숫자로 증가하고 있는 기업이다.

2023년부터 2025년까지 AI 반도체 산업은 이 관문을 통과한 대표 사례다. 산업은 명확한 성장 국면에 있었다. 글로벌 빅테크의 AI 투자가 확대되면서, 관련 기업들의 매출은 분기마다 전년 대비 두 자릿수 성장을 기록했다. 이 숫자가 확인되는 순간, 해당 종목은 단순한 테마가 아니라 자금이 머물 수 있는 대상이 된다.

반대로, 실적이 정체되거나 산업 자체가 성숙·쇠퇴 구간에 진입한 종목은 아무리 차트가 좋아 보여도 거름망에서 탈락시켜야 한다. 추세를 버틸 체력이 없는 종목에 올라타면, 흔들림이 올 때 기댈 근거가 없다. 확신이 아니라 희망으로 보유하게 되고, 결국 손실로 끝난다.

기본적 분석은 '무엇을 볼 것인가'를 결정하는 선정의 과정이다. 이 관문을 통과하지 못한 종목은 다음 단계로 넘어갈 자격이 없다.

주봉이 가리키는 방향과
일봉의 거래량이 같은 말을 할 때, 자리가 열린다

기본적 분석으로 종목을 선정했다면, 다음은 '언제 들어갈 것인가'의 문제다. 성장하는 기업이라도 잘못된 구간에서 매수하면 오랜 시간 손실을 견뎌야 한다. 기술적 분석은 그 진입 좌표를 특정하는 작업이다.

여기서 핵심 원칙이 있다. 상위 시간 프레임의 추세와 하위 시간 프레임의 거래량이 일치해야 한다. 월봉이나 주봉에서 추세의 방향을 먼저 확인한다. 장기 추세가 상승을 가리키고 있는지, 아직 횡보 중인지, 이미 하락으로 전환했는지를 읽는다. 상위 프레임에서 방향이 확인되면, 일봉이나 분봉으로 내려와 구체적인 진입 시점을 잡는다.

이때 거래량이 결정적 역할을 한다. 가격이 전고점을 돌파하는데 거래량이 늘지 않는다면, 그 돌파는 허상일 가능성이 높다. 반대로 거래량이 폭증하며 저항선을 넘어서는 순간, 그것은 시장 참여자들의 합의가 바뀌었다는 신호다. 상위 프레임의 추세 방향과 하위 프레임의 거래량 신호가 같은 방향을 가리킬 때, 타이밍은 구체화된다.

AI 반도체 종목을 예로 들어보자. 기본적 분석으로 산업 성장과 실적 개선을 확인했다. 주봉에서 장기 상승 추세가 유지되고 있다. 이 상태에서 일봉 차트의 조정 구간이 끝나며 전고점을 거래량과 함께 돌파한다면, 상위 추세와 하위 타이밍이 일치하는 진입 좌표가 완성된다.

장기 상승 추세 안의 조정과 장기 하락 추세 안의 반등은 형태가 비슷해 보여도 전혀 다른 의미를 가진다. 상위 프레임을 먼저 읽지 않으면 이 차이를 구분할 수 없다. 기술적 분석은 차트를 예쁘게 그리는 기술이 아니다. 시간 프레임 간의 일치를 확인하는 구조적 판단이다.

기술적 분석은 '언제 행동할 것인가'를 확정하는 확인의 과정이다. 좋은 종목이라도 자리가 아니면 기다린다.

뉴스를 믿지 마라, 가격이 반응하는지를 봐라

성장이 확인되고 타이밍이 잡혔더라도, 시장이 움직일 이유가 없으면 추세는 시작되지 않는다. 재료적 분석은 앞선 두 조건 위에 '왜 지금인가'라는 이유를 더하는 마지막 관문이다.

재료는 감으로 판단하는 것이 아니다. 구조로 검증하는 것이다. 검증의 핵심은 두 가지다. 첫째, 현재 시장의 자금이 어디에 집중되어 있는가. 둘째, 그 재료에 대해 가격이 실제로 반응하고 있는가.

같은 뉴스가 나와도 어떤 종목은 폭등하고 어떤 종목은 꿈쩍도 않는다. 이 차이는 재료의 질이 아니라, 시장의 관심이 어디를 향하고있느냐에 달려 있다. 시장의 자금이 이미 AI 섹터로 몰리고 있는 상황에서 엔비디아의 실적 서프라이즈가 발표된다면, 관련 종목의 가격은 폭발적으로 반응한다. 연료가 쌓이고 성냥이 준비된 자리에 바람이 부는 것이다.

반대로, 시장의 관심이 다른 섹터로 이동한 상태에서 동일한 뉴스가 나온다면 반응은 제한적이다. 뉴스는 화려하지만 가격이 움직이지 않는다면, 시장은 이미 그 정보를 소화했거나 중요하게 여기지 않는다는 뜻이다. 재료적 분석은 뉴스를 믿는 것이 아니라, 가격의 반응을 통해 재료의 진위를 검증하는 과정이다.

정부의 AI 지원 정책이 발표되었다고 가정하자. 기본적 분석에서 AI 반도체 산업의 성장이 확인되었고, 기술적 분석에서 주도주의 전고점 돌파가 거래량과 함께 나타났다. 여기에 정책이라는 재료가 더해지며 거래량이 한 단계 더 폭승한다. 이것이 세 가지 분석이 하나로 맞물리는 순간이나. 성장이 체력을 제공하고, 타이밍이 자리를 잡고, 재료가 동력을 불어넣는다.

반복할 수 없는 수익은 운이다, 반복할 수 있는 수익만이 실력이다

이 세 관문에는 순서가 있다. 먼저 시장 전체의 방향을 읽는다. 자금이 몰리는 섹터를 확인한다. 그 안에서 성장·타이밍·촉매가 겹치는 종목으로 좁혀 들어간다. 위에서 아래로 내려오는 이 사고의 순서가 유지될 때, 세 가지 분석은 비로소 하나의 유기적인 프로세스로 작동한다.

기본이 빠지면 추세를 버틸 체력이 없다. 기술이 빠지면 들어갈 자리를 잃는다. 재료가 빠지면 불이 붙지 않는다. 세 가지 중 하나라도 결여된 매매는, 설령 수익이 나더라도 반복할 수 없다. 반복할 수 없는 수익은 운이다. 반복할 수 있는 수익만이 실력이다.

세 관문을 통과하는 것이 매번 수익을 보장하지는 않는다. 시장은 언제나 예외를 동반한다. 세 가지가 완벽히 맞물렸는데도 실패하는 경우는 존재한다. 중요한 것은 한 번의 결과가 아니라, 충분한 반복 속에서 확률적 우위가 축적되는 구조다. 세 관문을 통과한 매매가 반복되면, 개별 거래의 승패와 무관하게 기대값은 양(+)의 방향으로 수렴한다. 이것이 운을 실력으로 바꾸는 유일한 경로다.

트레이딩은 확신이 아니라 확률의 영역이다. 이 세 관문을 통과한 종목만이 매매의 자격을 얻는다. 하나라도 빠진 채 들어간 매매는 확률이 아니라 도박이다.

제3장

기본적 분석:
종목 선정, 빠르게 끝내는 법

트레이딩용 재무분석은 이것만 본다

투자자냐, 거래자냐: 관점을 먼저 정하라

트레이딩을 위한 기본적 분석에 대한 설명에 앞서, 우리는 먼저 스스로에게 질문해야한다. 나는 시장에 '투자자'로 참여하는가, 아니면 '거래자'로 참여하는가.

이 질문에 대한 답이 분명해야 분석의 관점도 명확해질 수 있다.

먼저, 투자와 거래는 다음과 같이 구분할 수 있다.

- **투자**: 자산을 '가치' 기준으로 판단하고, 시간이 흐르며 그 가치가 상승할 것이라는 전제 하에 보유하여 수익을 창출하는 행위
- **거래**: '가격'의 변동을 활용해 매수·매도 차익으로 수익을 실현하는 행위

따라서 투자자는 가치에 집중하고, 트레이더는 가격에 집중한다. 관점은 다르지만 공통점도 있다. 시장은 완전히 효율적이지 않다는 전제, 그리고 시장 대비 초과 수익을 달성하고자 한다는 점이다.

트레이더는 가격과 거래량 같은 정량적 데이터를 통해 미래 가격을 예측한다. 일부 극단적인 시각에서는 "모든 정보는 이미 가격에 반영되어 있다"는 이유로 기본적 분석을 배제하기도 한다. 그러나 우리가 거래하는 대상은 결국 '기업의 지분'이다.

주식은 단순한 숫자가 아니라 기업의 일부다. 그렇다면 우리는 어떤 기업의 일부를 보유하고 싶은가. 재무가 건전하고, 돈을 잘 벌고 있으며, 지속 가능한 사업을 하는 기업일 것이다.

따라서 트레이더라 할지라도 기본적 분석을 완전히 배제해서는 안된다. 기본적 분석은 확신을 위한 도구라기보다, 확률적 우위를 만들기 위한 최소한의 필터다. 재무 리스크, 잠재적 유상증자 가능성, 관리종목 위험, 오너 리스크 등 치명적인 변수는 사전에 제거해야 한다. 이것이 트레이딩용 기본 분석의 출발점이다.

트레이더의 본질: 예측과 확률의 영역

트레이더의 본질은 '예측'이다.

현재 가격보다 미래 가격이 더 높을 것이라고 판단할 때 매수하고, 반대일 때는 매도한다. 이 예측에는 반드시 '기간'이 포함된다. 그럼, 기간을 구분해보면 다음과 같다.

- **단기**: 1일(데이트레이딩·오버나잇), 1~4주(단기 스윙)
- **중기**: 3~6개월(중기 스윙)
- **장기**: 1년 이상

기간에 따라 기본적 분석의 범위도 달라지게 되는데, 데이 트레이딩이나 오버나잇처럼 기간이 짧은 매매에시는 기술적 분석의 비중이 절대적으로 높다. 기업의 내재 가치가 하루 만에 크게 변하지는 않기 때문이다.

그러나 기간이 1~4주로 늘어나면 상황은 달라진다. 단기 스윙이라 하더라도 기업의 잠재적 리스크를 무시할 수 없다. 3개월 이상의 중기 스윙이라면 기본적 분석의 중요도는 더욱 높아진다. 실적 흐름, 산업 위치, 재무 건전성 등을 점검하지 않으면 추세가 중간에 꺾일 가능성이 커진다.

따라서 트레이더의 본질이 '예측'이라면, 데이트레이딩과 같은 단기 매매는 결코 도박이 아니다. 오히려 예측 범위가 좁혀질수록 통제 가능한 변수가 줄어들기 때문에, 일정한 원칙 아래에서는 중·장기 매매보다 더 높은 확률의 트레이딩의 방식이 될 수 있다.

보유 기간별 기본적 분석 접근법

이 책의 핵심은 '탑다운 사고 과정'이다.

거시 경제와 지수의 위치를 먼저 보고, 주도 섹터를 확인하고, 주도 테마를 선별한 뒤, 마지막으로 기간에 맞는 종목을 선택한다.

이 과정에서 기본적 분석은 기간에 따라 깊이가 달라진다.

데이 트레이딩에서는 기술적 분석이 우선이다. 기본적 요소는 치명적 리스크 여부만 확인하면 충분하다.

1~4주 스윙의 경우, 기업의 성장성·안정성·수익성을 간단히 점검해야 한다. 최소한 재무적 리스크가 없는지, 업황과 무관한 기업은 아닌지 확인해야 한다.

3개월 이상의 중기 스윙이라면 실적 추이, 산업 내 위치, 경쟁력까지 살펴보는 것이 바람직하다. 이때는 단순히 위험이 없는지를 넘어서, 실제로 성장하고 있는 기업인지를 확인해야 한다.

다만 정치, 식량, 정책과 같은 단기적 이벤트 중심의 테마는 접근 방식이 다르다. 이 경우 기업의 장기 성장성보다 잠재 위험 요인 여부를 점검하는 선에서 분석을 마무리하는 것이 현실적이다.

기업을 걸러내는 세 가지 기준

트레이딩을 위한 기본적 분석은 크게 양적 분석과 질적 분석으로 구분할 수 있다.

양적 분석은 재무제표와 재무비율을 통해 기업의 상태를 수치로 파악하는 과정이다. 질적 분석은 산업 구조, 경쟁 환경, 비즈니스 모델 등 숫자로 표현되지 않는 요소를 점검하는 과정이다.

그럼 트레이딩 관점에서 가장 핵심이 되는 지표는 다음 세 가지다.

❶ 성장성

매출과 영업이익이 전년 대비 증가하고 있는가.

분기 실적이 개선 흐름을 보이는가.

산업 성장과 연결되어 있는가.

❷ 안정성

부채비율이 과도하지 않은가.

현금흐름은 안정적인가.

유상증자나 재무 리스크 가능성은 없는가.

❸ 수익성

영업이익률은 유지·개선되고 있는가.

이익 구조가 일회성이 아닌가.

지속 가능한 구조인가.

이 세 가지를 빠르게 점검하는 것만으로도 트레이딩에 있어 상당수의 종목은 걸러진다.

트레이딩을 위한 기본적 분석은 기업의 내재가치를 정밀하게 계산하는 작업이 아니다. 추세가 이어질 가능성이 낮은 종목을 제거하는 필터다. 따라서 우리는 모든 종목을 분석할 필요가 없다. 핵심만 보고,

불필요한 종목을 지워내고, 확률이 높은 후보군만 남긴 후 그 위에서 기술적 분석으로 타이밍을 잡고, 재료적 분석으로 동력을 확인하면 된다. 트레이딩은 가격의 게임이지만, 그 가격을 움직이는 기업의 본질을 무시해서는 안 된다. 핵심만 보는 것. 그것이 트레이딩을 위한 기본적 분석의 룰이다.

기본적 분석의 3대 축과 EPS: 모든 숫자는 결국 한 곳으로 모인다

차트보다 먼저 봐야 할 것: 종목의 체력 검사지

차트를 열기 전에 확인해야 할 것이 있다. 이 기업이 추세를 만들어 갈 체력이 있는가.

많은 트레이더가 차트 분석에 능숙하다. 패턴을 인지하고, 이동평균선을 해석하며, 거래량의 변화를 읽어낸다. 그런데 정작 그 차트 아래에 깔려 있는 기업의 상태는 확인하지 않는다. 차트는 과거 가격의 기록이다. 가격을 움직이는 힘은 기업의 실적이다. 실적이 뒷받침되지 않는 차트 신호는 모래 위에 세운 탑이다.

트레이더에게 기본적 분석이란 기업의 가치를 정밀하게 산출하는 작업이 아니다. 그것은 가치 투자자의 영역이다. 트레이더에게 기본적 분석은 종목의 체력 검사지를 빠르게 읽어내는 것이다. 이 종목이 상승 추세를 유지할 만한 실적의 힘이 있는지, 갑자기 무너질 리스크는 없는지, 벌어들이는 돈의 질은 어떤지. 이 세 가지를 확인하는 과정이다.

이 세 가지를 우리는 성장성, 안정성, 이익성이라 부른다.

그리고 이 세 가지 축은 결국 하나의 숫자로 수렴한다. EPS, 주당순이익. 한 주당 이 기업이 벌어들이는 순이익. 기업 분석의 모든 지표는 결국 이 숫자가 우상향하고 있는지를 확인하기 위해 존재한다.

성장성은 EPS가 커질 수 있는 가능성을 보고, 안정성은 EPS가 갑자기 무너지지 않을 근거를 확인한다. 마지막으로 이익성을 통해 EPS의 질이 얼마나 단단한지를 체크한다. 방향은 다르지만, 세 축 모두 같은 곳을 가리킨다.

이 장에서는 각 축을 트레이더의 눈으로 재해석하고, 그것이 어떻게 EPS라는 하나의 점으로 모이는지를 설명한다.

숫자가 커지는 속도가 곧 추세의 기울기다
매출이 늘지 않는 기업에서는 추세가 태어나지 않는다

성장성의 핵심은 단순하다. '이 기업의 매출과 영업이익이 커지고 있는가'. 커지고 있다면, 얼마나 빠르게 커지고 있는가.

주가의 추세는 실적의 추세 위에서 만들어진다. 매출이 정체된 기업, 영업이익이 줄어드는 기업에서는 지속 가능한 상승 추세가 형성되기 어렵다. 일시적으로 뉴스나 테마에 의해 주가가 움직일 수 있지만, 실적이 뒷받침되지 않으면 그 움직임은 오래가지 못한다.

트레이더가 확인해야 할 성장성 지표는 크게 두 가지다.

- 첫째, 매출 증가율. 전년 동기 대비 매출이 몇 퍼센트 늘었는가. 이 숫자가 양(+)이어야 한다. 양이되 가속되고 있는가, 둔화되고있는가도 중요하다. 매출 증가율이 가속되는 기업은 시장의 자금을 끌어당기는 힘이 세진다.

- 둘째, 영업이익 증가율. 매출이 늘어도 영업이익이 따라오지 않으면 의미가 반감된다. 돈을 많이 벌지만 남는 것이 없는 구조라면, 기업의 체력은 보이는 것만큼 강하지 않다. 매출 증가율보다 영업이익 증가율이 더 높을 때, 이 기업은 규모가 커지면서 동시에 효율도 좋아지고 있다는 의미다.

성장성이 EPS에 미치는 경로

매출이 커지면 영업이익이 커진다. 영업이익이 커지면 순이익이 커진다. 순이익이 커지면 EPS가 올라간다. 이 연쇄는 단순하지만 강력하다.

EPS가 분기마다 우상향하고 있다면, 그 기업의 주가는 '실적이라는 엔진을 달고 있는 상태'다. 차트에서 아무리 조정이 와도, 실적 엔진이 살아 있는 한 주가는 다시 올라갈 힘이 있다. 반대로 EPS가 정체되거나 하락하고 있다면, 차트에서 아무리 반등 신호가 나와도 그 반등은 힘이 없다.

실전 사례: 2023~2024년,
성장성이 추세를 만든 기업과 만들지 못한 기업

2023~2024년, AI 반도체 수요 폭발의 최대 수혜자는 SK하이닉스였다. 고대역폭메모리(HBM) 매출이 급증하면서, 분기별 매출 증가율은 전년 대비 50%를 넘었고, 영업이익은 적지에서 수조 원대 흑자로 전환됐다. EPS는 급격한 우상향 곡선을 그렸다. 주가는 이 실적 곡선을 따라 2배 이상 상승했다.

같은 시기, 디스플레이 소재 기업 다수는 매출 정체에 빠져 있었다. OLED 투자 사이클이 둔화되면서 매출 증가율은 한 자릿수에 머물렀고, 영업이익률은 오히려 하락했다. EPS는 횡보하거나 감소했다. 차트에서 간간이 반등 신호가 나왔지만, 실적의 뒷받침이 없으니 번번이 되돌림으로 끝났다.

성장성이 살아 있는 기업의 차트는 추세를 만든다. 성장이 멈춘 기업의 차트는 속이 빈 껍데기다. 트레이더가 차트를 보기 전에 성장성을 확인해야 하는 이유가 여기에 있다.

폭풍우가 몰아칠 때 침몰하지 않을 근거
성장하는 기업이라도 부채가 과도하면 한 방에 무너진다

안정성은 성장성의 반대편이 아니다. 성장을 유지할 수 있는 토대가 단단한지를 확인하는 과정이다.

매출이 빠르게 늘고 있어도, 부채가 과도하게 쌓여 있으면 금리 인상이나 경기 둔화 같은 외부 충격에 무너질 수 있다. 성장성은 공격력이고, 안정성은 방어력이다. 공격만 하고 수비가 없는 팀은 한 골에 무너진다.

트레이더가 확인해야 할 안정성 지표는 두 가지다.

- 첫째, 부채비율. 자기자본 대비 부채가 얼마나 되는가. 부채비율이 200%를 넘어가면 경계가 필요하고, 300%를 넘으면 위험 영역이다. 업종에 따라 적정 수준은 다르지만, 같은 업종 내에서 상대적으로 부채가 많은 기업은 경기 하강기에 가장 먼저 흔들린다.
- 둘째, 유동비율. 1년 안에 갚아야 할 빚(유동부채) 대비 1년 안에 현금화할 수 있는 자산(유동자산)이 얼마나 되는가. 이 비율이 100% 미만이면, 단기적으로 돈이 부족할 수 있다는 신호다. 아무리 장기적으로 유망한 기업이라도, 당장 현금이 없으면 최악의 경우 자금 경색에 빠질 수 있다.

안정성이 EPS에 미치는 경로: EPS 희석의 방어벽

안정성은 EPS를 '높이는' 지표가 아니다. EPS가 '무너지지 않도록 지키는' 지표다.

부채가 과도한 기업은 이자 비용이 크다. 이자 비용은 영업이익에서 순이익으로 내려가는 과정에서 차감된다. 같은 영업이익이라도, 이자 비용이 큰 기업은 순이익이 줄어들고, EPS는 낮아진다.

더 위험한 시나리오가 있다. 부채가 많은 기업이 자금 조달을 위해 유상증자를 하면, 발행 주식 수가 늘어난다. EPS의 분모(총 주식 수)가 커지면, 분자(순이익)가 그대로여도 EPS는 하락한다. 이것이 EPS 희석이다. 투자자가 아무 잘못도 하지 않았는데, 보유한 주식의 가치가 줄어드는 것이다.

안정성이 높은 기업은 이 희석 리스크가 낮다. 자기자본이 충분하고 현금 흐름이 안정적이기 때문에, 위기 상황에서도 유상증자 없이 버틸 수 있다. EPS의 방어벽이 두꺼운 것이다.

실전 사례: 2023~2024년, 안정성이 갈라놓은 운명

2023년, 고금리 환경이 장기화되면서 부채가 과도한 기업들이 직격탄을 맞았다. 대표적인 사례가 부동산 프로젝트파이낸싱(PF) 위기다. 건설·부동산 관련 기업 중 부채비율이 높고 유동성이 부족한 곳들은 잇따라 자금 경색에 빠졌다. 일부는 회사채 발행조차 어려워졌고, 주가는 반토막이 났다. 워크아웃에 들어간 기업도 있었다.

같은 업종 안에서도, 부채비율이 낮고 현금성 자산이 풍부한 기업은 달랐다. 위기 환경에서도 실적이 크게 흔들리지 않았고, 오히려 경쟁사가 무너진 빈자리를 채우며 시장 점유율을 높였다. EPS는 유지되거나 소폭 개선됐다.

주가의 차이는 극명했다. 안정성이 낮은 기업은 추세가 완전히 꺾였고, 안정성이 높은 기업은 조정 이후 다시 상승 추세로 복귀했다. 같은 업종, 같은 시장 환경에서 이 차이를 만든 것은 기술적 분석이 아니었다. 재무제표의 안정성이었다.

성장만 보고 안정성을 무시하면, 폭풍이 왔을 때 배가 침몰한다. 트레이더에게 안정성 확인은 생존을 위한 최소한의 방어다.

똑같이 벌어도 남는 게 달라야 진짜다
매출 1조 원 두 개의 기업: 진짜 강한 쪽은 어디인가

이익성의 핵심은 같은 돈을 벌어도 얼마나 효율적으로 남기느냐다. 매출이 1조 원인 기업이 두 개 있다고 하자. A 기업의 영업이익은 2,000억 원이고, B 기업의 영업이익은 500억 원이다. 둘 다 매출은 같다. 그러나 A는 20%를 남기고, B는 5%를 남긴다. 어떤 기업의 EPS가 더 견고한가. 답은 명확하다. 트레이더가 확인해야할 이익성 지표는 두 가지다.

- 첫째, 영업이익률. 매출 대비 영업이익의 비율이다. 이 숫자가 높을 수록 기업은 같은 매출에서 더 많은 이익을 뽑아내고 있다는 뜻이다. 영업이익률이 높은 기업은 경기 둔화기에도 버틸 여력이 크다. 매출이 다소 줄어도 이익을 유지할 수 있기 때문이다.
- 둘째, 자기자본이익률(ROE). 주주가 투자한 돈(자기자본) 대비 순이익이 얼마인지를 보여주는 지표다. ROE가 높다는 것은, 기업이 주주의 돈을 효율적으로 굴리고 있다는 의미다. ROE 15% 이상이면 양호, 20% 이상이면 우수한 수준이다.

이익성이 EPS에 미치는 경로: EPS의 '질'을 결정한다

성장성이 EPS의 크기를 결정한다면, 이익성은 EPS의 질을 결정한다. EPS가 1,000원인 기업이 두 개 있다고 하자. A 기업은 영업이익률 25%에서 EPS 1,000원을 만들어냈고, B 기업은 영업이익률 3%에서 EPS 1,000원을 만들어냈다. 숫자는 같다. 그러나 질은 전혀 다르다.

A 기업은 매출이 10%만 줄어도 EPS가 살아남는다. 이익률이 충분히 두꺼워서 충격을 흡수할 수 있기 때문이다. B 기업은 매출이 5%만 줄어도 EPS가 적자로 전환될 수 있다. 이익률이 너무 얇아서, 작은 충격에도 바닥이 뚫린다.

이익성이 높은 기업의 EPS는 단단하다. 시장 환경이 나빠져도 쉽게 무너지지 않는다. 이익성이 낮은 기업의 EPS는 취약하다. 작은 변수에도 급격히 악화된다. 트레이더가 같은 EPS 숫자를 보더라도, 그 숫자가 어떤 이익 구조 위에 서 있는지를 반드시 확인해야 하는 이유다.

실전 사례: 2023~2024년, 이익성이 만든 차트의 차이

2023~2024년의 AI 반도체 국면에서 가장 극적인 이익성 변화를 보여준 기업은 SK하이닉스다. HBM 제품의 평균판매단가(ASP)가 기존 DRAM 대비 5~10배 높았기 때문에, 매출이 증가하면서 영업이익률이 동시에 급등했다. 2023년 초 한 자릿수였던 영업이익률이 2024년에는 30%를 넘어섰다. 같은 매출 1원을 벌어도 남는 것이 완전히 달라진 것

이다.

이 이익성의 변화는 EPS의 질적 전환을 만들어냈다. 단순히 EPS가 올라간 것이 아니라, 충격에 강한 EPS로 체질이 바뀐 것이다. 주가는 이 변화를 가장 먼저 반영했다. 차트의 상승 기울기가 가팔라졌고, 조정이 와도 되돌림의 폭이 얕았다. 이익성이 두꺼운 기업의 차트는 추세의 복원력이 강하다.

반면, 같은 반도체 업종 안에서도 레거시 DRAM·NAND에 의존도가 높은 기업은 이익성이 크게 개선되지 못했다. 매출은 늘었지만 ASP 하락 압력이 지속되면서 영업이익률은 한 자릿수에 머물렀다. EPS는 올라갔지만 질이 약했다. 차트에서 상승은 했지만, 조정이 올 때마다 깊이 빠졌고, 추세의 지속력이 현저히 달랐다.

같은 업종, 같은 매출 증가, 다른 이익성. 차트가 말해주는 것은 결국 EPS의 질이다.

모든 지표는 결국 EPS의 우상향을 위해 존재한다

기본적 분석의 세 축을 정리하면 이렇다.

- 성장성은 EPS가 커질 수 있는 가능성을 본다. 매출과 영업이익이 늘어나면, EPS는 올라간다.
- 안정성은 EPS가 무너지지 않을 근거를 확인한다. 부채가 건전하고 현금이 충분하면, EPS는 위기에도 버틴다.
- 이익성은 EPS의 질이 단단한지를 점검한다. 같은 EPS라도, 이익률

이 두꺼운 쪽이 추세를 더 오래 유지한다.

이 세 축은 서로 독립된 것처럼 보이지만, 실제로는 하나의 점으로 수렴한다. EPS다.

EPS가 분기마다 우상향하고 있다면, 그 기업은 성장하고 있고(성장성), 구조가 안정적이며(안정성), 벌어들이는 돈의 질이 좋다(이익성)는 뜻이다. 세 가지 축이 모두 건강할 때, EPS의 우상향은 지속된다. 그리고 EPS가 지속적으로 우상향하는 기업의 차트는, 결국 주가의 우상향으로 나타난다.

트레이더에게 EPS는 기업의 과거를 정산하는 숫자가 아니다. 앞으로의 추세를 예고하는 선행 지표에 가깝다. EPS가 꺾이기 전에 추세가 꺾이는 경우는 드물다. EPS가 반등하기 전에 추세가 반등하는 것도 드물다. 실적이 방향을 잡으면, 주가는 결국 따라간다.

차트를 열기 전에 EPS를 확인하라. EPS를 확인하기 전에 세 가지 축을 점검하라. 이것이 트레이더의 기본적 분석이다. 복잡할 필요 없다. 성장하고 있는가, 안전한가, 효율적으로 벌고 있는가. 이 세 질문에 "그렇다"고 답할 수 있는 기업만이 당신의 매수 후보에 올라갈 자격이 있다.

트레이더의 챌린지

이 분석에 스스로 질문을 던져라

이 장의 내용을 그대로 받아들이지 마라. 다음 질문을 스스로에게 던져보라.

❶ EPS가 우상향하는데 주가가 안 오르는 기업은 왜 그런가?

실적이 개선되고 있는데 주가가 반응하지 않는다면, 시장이 아직 그 실적을 신뢰하지 않거나, 이미 미래 실적까지 선반영한 뒤일 수 있다. 이때는 시장이 왜 반응하지 않는지를 먼저 파악해야 한다. 숫자만 믿고 진입하면, '맞았지만 돈을 못 버는' 상황에 빠질 수 있다.

❷ 성장성과 안정성이 동시에 좋은 기업은 정말 존재하는가?

빠르게 성장하는 기업은 대개 투자를 위해 부채를 늘린다. 성장성과 안정성이 동시에 높은 기업은 드물다. 둘 중 하나를 선택해야 하는 상황이 오면, 트레이더는 어떤 기준으로 판단해야 하는가? 정답은 없다. 그러나 이 질문을 던져 본 사람과 던져 보지 않은 사람의 판단은 다르다.

❸ EPS가 개선되고 있지만, 그 개선이 일회성이라면?

구조조정 이익, 자산 매각 차익, 환율 효과 등으로 EPS가 일시적으로 좋아진 경우, 다음 분기에는 다시 원래 수준으로 돌아갈 수 있다.

EPS의 '방향'만 보지 말고, 그 방향을 만들어낸 '원인'까지 확인하라. 지속 가능한 개선인지, 일회성 착시인지에 따라 매매 전략은 완전히 달라진다.

❹ 이 분석을 탑다운 프로세스에 어떻게 배치할 것인가?

기본적 분석은 종복 선별의 도구다. 그러나 탑다운의 세 번째 층에서만 사용된다. 아무리 EPS가 좋아도, 거시 환경이 적대적이고 자금이 다른 영역으로 이동하고 있다면, 그 종목의 추세는 제한된다. 기본적 분석의 결과를 탑다운의 1층(거시 환경), 2층(주도 영역)과 반드시 교차 검증하라. 숫자가 좋은 종목이 아니라, 숫자도 좋고 위치도 좋은 종목을 찾는 것이 목표다.

이 질문들에 답을 내릴 수 있을 때, 당신의 기본적 분석은 단순한 수치 확인을 넘어, 실전에서 작동하는 판단 체계가 된다.

제4장

기술적 분석: 차트를 '타이밍'으로 바꾸는 법

좋은 종목을 사고도 손실을 보는 이유

체력만으로는 충분하지 않다, 타이밍이 필요하다

분석은 맞았다. 종목도 좋았다. 그런데 돈을 잃었다.

이 경험을 해 본 투자자는 적지 않을 것이다. 재무제표를 꼼꼼히 뒤졌다. 매출은 성장하고 있었고, 부채는 건전했으며, 이익률은 개선되고 있었다. EPS는 분기마다 우상향하고 있었다. 앞 장에서 다룬 성장성, 안정성, 이익성 세 가지 축을 모두 통과한 종목이었다. 확신을 갖고 매수했다.

그런데 매수한 다음 날부터 주가가 빠지기 시작했다. 일주일이 지나도 회복하지 못했다. 한 달이 지나자 -15%였다. 분석은 틀리지 않았다. 실적은 그대로였다. 그런데 계좌는 파랗다.

분석이 틀린 것이 아니다. 타이밍이 없었던 것이다.

　재무제표는 기업의 '자격'을 알려준다. 이 기업이 상승 추세를 만들어갈 체력이 있는지, 갑자기 무너지지 않을 기초가 있는지, 벌어들이는 돈의 질이 괜찮은지. 여기까지가 기본적 분석의 역할이다. 그러나 기본적 분석은 '언제 사야 하는가'를 알려주지 않는다. 체력이 좋은 선수라고 해서 아무 때나 경기에 투입하면 되는 것이 아닌 것처럼, 좋은 기업이라고 해서 아무 가격에나 사면 되는 것이 아니다.

　주가는 실적의 함수이기도 하지만, 동시에 심리의 함수이기도 하다. 아무리 좋은 기업이라도, 시장 전체가 공포에 빠져 있으면 함께 밀린다. 실적이 좋아지기 시작한 기업이라도, 그 사실을 시장이 아직 인식하지 못했다면 주가는 반응하지 않는다. 반대로, 시장이 그 기업을 발견하고 자금이 몰리기 시작하면, 실적 개선 이상의 폭으로 주가가 움직인다.

　이 간극을 읽어내는 도구가 차트다.

　기본적 분석이 "무엇을 살 것인가(Why)"를 결정한다면, 기술적 분석은 "언제 살 것인가(When)"를 결정한다. 'Why'만으로는 돈을 벌 수 없다. 'When'까지 확인해야 비로소 매매가 완성된다.

차트는 기업의 가치가 아니라 사람들의 광기를 기록한다

차트를 싫어하는 사람에게

　차트를 불신하는 투자자가 적지 않다. 그 불신에는 이유가 있다. "과거의 가격이 미래를 어떻게 예측하느냐.", "같은 차트를 보고도 사람마

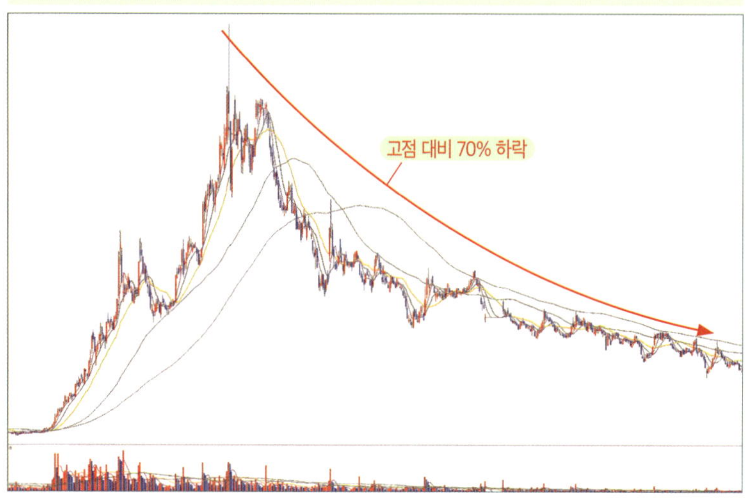

다 해석이 다르지 않느냐." "결국 동전 던지기와 뭐가 다르냐." 모두 일리 있는 지적이다.

그렇다. 차트는 미래를 예측하는 도구가 아니다. 차트에 그런 능력은 없다.

차트가 기록하는 것은 가격이라는 형태로 드러난 사람들의 심리다. 누군가는 공포에 던졌고, 누군가는 탐욕에 사들였고, 누군가는 확신을 갖고 버텼고, 누군가는 의심에 빠져 손절했다. 이 모든 감정이 모여 하루의 가격이 만들어지고, 그 가격이 쌓여 차트가 된다. 차트는 기업의 가치를 기록하지 않는다. 기업의 가치에 대한 시장 참여자들의 반응을 기록한다.

2024년 초, 에코프로비엠의 차트를 기억하는가. 2차전지 열풍이 한창이던 2023년, 이 종목은 상상하기 어려운 수준까지 올라갔다. 실적

에코프로 재무추이

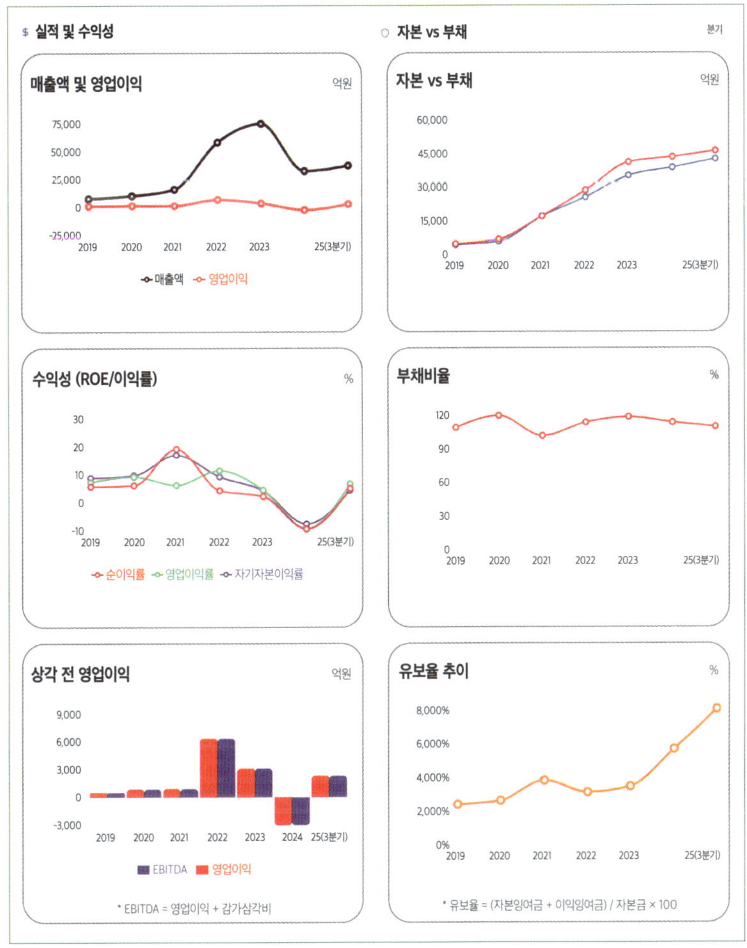

으로는 설명이 안 되는 가격이었다. 그런데도 올라갔다. 왜? 사람들이 올린 것이다. AI가 계산해서 올린 것이 아니다. 수만 명의 기대, 탐욕, 군중심리가 모여 가격을 밀어올렸다. 그리고 열풍이 식자, 같은 심리가 역전되며 주가는 고점 대비 70% 넘게 빠졌다.

이 과정에서 기업의 실적이 70% 나빠진 것은 아니었다. 사람들의 심리가 바뀐 것이다. 차트는 이 심리의 변화를 가장 빠르게, 가장 솔직하게 보여주는 기록이다.

차트를 본다는 것은 시장의 심리를 읽는다는 것이다

가격이 상승한다는 것은 사는 사람의 힘이 파는 사람의 힘보다 센 상태다. 가격이 하락한다는 것은 그 반대다. 가격이 횡보한다는 것은 양쪽이 팽팽히 맞서고 있다는 뜻이다.

특정 가격대에서 반복적으로 매수세가 유입되면, 그곳이 지지선이 된다. 특정 가격대에서 반복적으로 매도세가 나오면, 그곳이 저항선이 된다. 이 지지와 저항은 단순한 선이 아니다. 시장 참여자들의 기억과 판단이 응축된 심리적 경계선이다.

이 경계선이 깨지는 순간, 시장의 균형이 무너진다. 저항선을 돌파하면 매도세가 항복하고 새로운 매수세가 유입된다. 지지선이 이탈하면 매수세가 무너지고 투매가 쏟아진다. 이 균형이 깨지는 순간이 바로 타이밍이다. 차트를 읽는다는 것은, 이 순간을 포착하기 위해 시장의 심리 상태를 추적하는 행위다.

그래서 차트는 '마법의 구슬'이 아니다. 미래를 보여주지 않는다. 대신 현재 시장이 어떤 상태에 있는지를 보여준다. 공포 구간인지, 탐욕 구간인지, 관망 구간인지, 결정의 순간이 임박한 상태인지. 이것을 읽어낼 수 있다면, 차트는 가장 솔직한 시장의 언어가 된다.

기술적 분석은 '예측'이 아닌 '대응의 기준'을 세우는 일
차트로 미래를 맞히겠다는 생각을 버려라

기술적 분석을 처음 배우면, 누구나 한 번은 이런 착각에 빠진다. "이 패턴이 나왔으니까 내일은 올라갈 기야." "이동 평균선이 골든크로스를 만들었으니까 상승이 확실해." 차트에서 '정답'을 찾으려 한다.

정답은 없다. 차트에는 정답이 존재하지 않는다. 골든크로스가 나왔는데 다음 날 급락하는 경우는 셀 수 없이 많다. 완벽한 상승 패턴처럼 보였는데 거짓 돌파로 끝나는 일도 빈번하다. 차트를 '미래를 맞히는 도구'로 바라보는 순간, 예측의 함정에 다시 빠지는 것이다.

기술적 분석의 진짜 역할은 대응의 기준을 세우는 것이다.

"이 가격을 돌파하면 진입한다." "이 선이 무너지면 손절한다." "이 구간에서 거래량이 터지지 않으면 관망한다." 이것이 기술적 분석이 하는 일이다. 미래가 A로 갈지 B로 갈지 맞히는 것이 아니라, A로 가면 이렇게 하고, B로 가면 저렇게 한다는 시나리오를 미리 짜 놓는 것이다.

이 시나리오가 있으면, 시장이 어느 방향으로 움직여도 당황하지 않는다. 대응할 수 있다. 시나리오가 없으면, 시장이 움직일 때마다 감정적으로 반응하게 된다. 앞 장에서 다뤘던 '예측 → 확증 편향 → 반응적 매매'의 연쇄가 다시 작동하는 것이다.

"이 가격 위에서는 매수, 아래에서는 대기"
이것이 기술적 분석의 전부다

기술적 분석의 본질을 극단적으로 단순화하면 이것이다. 진입해도 되는 가격과 진입하면 안 되는 가격을 구분하는 것. 그리고 진입한 뒤 빠져나와야 하는 가격을 미리 정해 놓는 것.

이 기준이 설정되면 매매에서 감정이 개입할 여지가 줄어든다. "지금 들어가도 되나?"라는 불안은 사라진다. 기준이 있기 때문이다. "더 올라갈 것 같은데 왜 안 사지?"라는 조급함도 사라진다. 아직 기준에 도달하지 않았기 때문이다.

재무제표가 종목의 자격을 증명하는 서류라면, 차트는 진입의 출발선을 그어주는 도구다. 자격이 증명됐다고 아무 때나 출발하면 안 된다. 출발 신호가 떨어질 때까지 기다려야 한다. 그 신호를 읽어내는 것이 기술적 분석이다.

이 관점이 잡히면, 차트에 대한 불신은 사라진다. 차트에게 미래를 물어보는 것이 아니라, 차트에게 지금의 상태를 묻는 것이기 때문이다. 지금 시장이 매수세가 우위인지, 매도세가 우위인지. 균형이 깨지고 있는지, 아직 팽팽한지. 이것을 확인하는 데 차트보다 정직한 도구는 없다.

시장의 언어를 해석하는 5가지 도구

차트는 시장의 언어다. 그런데 이 언어에는 여러 가지 표현 방식이 있다. 우리는 앞으로 다섯 가지 도구를 통해 이 언어를 해석하는 법을 배운다.

- 첫 번째, 캔들. 하루 동안 벌어진 매수세와 매도세의 전투 기록이다. 시가, 고가, 저가, 종가 네 개의 숫자가 하나의 캔들을 만든다. 이 캔들 하나에도 시상 참여사들의 심리가 담겨 있다. 긴 윗꼬리는 매도 압력의 흔적이고, 긴 아랫꼬리는 매수 세력의 개입이다. 캔들을 읽는다는 것은 하루 단위로 시장의 감정을 읽는 것이다.

- 두 번째, 이동평균선. 일정 기간 동안의 평균 가격을 연결한 선이다. 이 선은 단기·중기·장기의 추세 방향을 한눈에 보여준다. 주가가 이동평균선 위에 있으면 상승 추세, 아래에 있으면 하락 추세라는 단순한 원칙만으로도 놀라울 만큼 많은 것을 걸러낼 수 있다. 이동평균선이 알려주는 것은 '지금 이 종목이 올라가는 중인가, 내려가는 중인가'라는 가장 기본적인 질문에 대한 답이다.

- 세 번째, 거래량. 가격이 몸이라면, 거래량은 체력이다. 주가가 올라가면서 거래량이 늘어나면, 그 상승에는 힘이 있다. 주가가 올라가는데 거래량이 줄어들면, 그 상승은 곧 멈출 가능성이 높다. 거래량은 추세의 진위를 판별하는 가장 정직한 증거다. 가격은 속일 수 있어도, 거래량은 속이기 어렵다.

- 네 번째, 하이킨아시. 일반 캔들의 소음을 걸러내고, 추세의 방향

을 더 깨끗하게 보여주는 변형 캔들이다. 일반 캔들 차트에서는 하루하루의 등락이 심해서 큰 흐름을 놓치기 쉬운데, 하이킨아시는 이 잡음을 줄여준다. 특히 진입과 이탈의 타이밍을 잡을 때, 불필요한 흔들림에 속지 않기 위한 보조 도구로 유용하다.

- 다섯 번째, 엘리어트 파동. 시장의 움직임에는 반복되는 구조가 있다. 상승 5파와 하락 3파로 구성된 이 구조를 이해하면, 지금 내가 추세의 어느 구간에 있는지를 가늠할 수 있다. 추세의 초반인지, 중반인지, 끝물인지. 이 위치 감각이 생기면, 너무 늦은 자리에서 들어가는 실수를 줄일 수 있고, 추세가 얼마나 더 이어질 수 있는지를 확률적으로 판단할 수 있다.

이 다섯 가지 도구는 각각 다른 각도에서 시장을 바라보지만, 묻는 질문은 하나다.

지금 이 종목은 올라갈 준비가 되어 있는가, 아직인가."

재무제표가 "이 기업은 올라갈 자격이 있다"고 증명한 뒤, 차트가 "지금이 올라갈 때다"라고 승인할 때. 그 두 가지가 겹치는 순간이 진입의 자리다.

숫자가 증명하고 차트가 승인할 때,
그때가 베팅의 순간이다

2024년 하반기, 한국 시장에서 가장 극적인 장면 중 하나는 방산 대장주의 돌파였다.

한화에어로스페이스는 이미 기본적 분석의 모든 항목을 통과한 상태였다. 글로벌 방위비 증액 흐름 속에서 수주 잔고는 사상 최대를 기록했고, 매출과 영업이익은 분기마다 가파르게 상승했으며, EPS는 명확한 우상향 곡선을 그리고 있었다. 성장성, 안정성, 이익성. 세 가지 축 모두 합격이었다.

그런데 주가는 한동안 특정 가격대에서 머물렀다. 몇 차례 그 가격

한화에어로스페이스 일봉

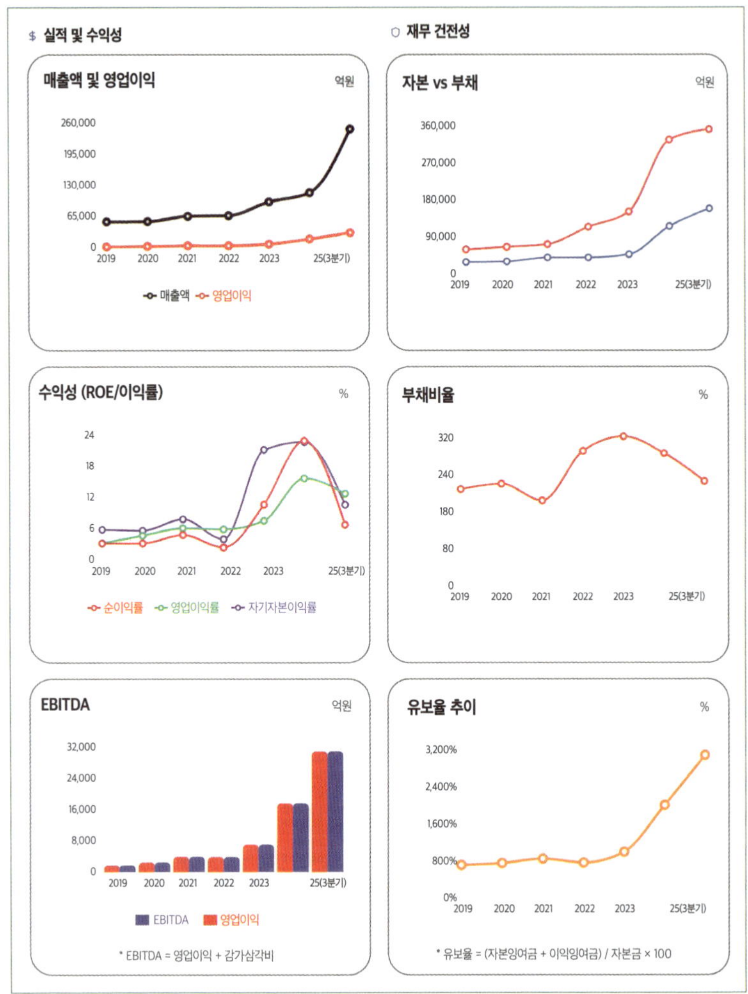

을 넘어서려 했지만, 매번 밀려 내려왔다. 저항선이었다. 이 구간에서 "재무가 좋으니까"라는 이유만으로 매수한 투자자는, 진입 직후 눌림 구간을 견뎌야 했다. 타이밍이 아직이었기 때문이다.

그러다 어느 날, 대규모 수주 공시와 함께 거래량이 폭발하면서 저항선을 단번에 돌파했다. 이 순간 차트는 출발 신호를 내렸다. 숫자가 이미 증명한 기업에, 시장이 비로소 승인 도장을 찍은 것이다. 돌파 이후 주가는 한 달 만에 30% 이상 추가 상승했다.

이것이 기본적 분석과 기술적 분석이 만나는 지점이다. 재무제표가 "이 기업은 자격이 있다"고 말하고, 차트가 "지금이 그 시점이다"라고 말할 때. 그 두 문장이 겹치는 순간이 베팅의 순간이다.

어느 한쪽만으로는 부족하다. 재무만 보고 진입하면 타이밍을 놓쳐 불필요한 손실을 견뎌야 하고, 차트만 보고 진입하면 실적이 뒷받침되지 않아 추세가 이어지지 않는다. 두 가지가 모두 확인됐을 때, 비로소 확률은 우리 편에 선다.

앞 장에서 우리는 종목의 자격을 검증하는 법을 배웠다. 이 장부터 우리는 진입의 시점을 확인하는 법을 배운다. 재무가 증명한 종목에, 차트가 승인하는 타이밍. 이 두 가지가 겹치는 자리를 찾아내는 것이 우리의 목표다.

재무는 종목의 자격을 결정하고,
차트는 진입의 시점을 결정한다.
둘이 만나는 순간, 그것이 매매다.

차트는 캔들이 쓰는 일기장

캔들 하나에 하루의 전쟁이 담겨 있다

차트를 처음 열면, 빨간색과 파란색 막대기가 빼곡하게 나열되어 있다. 대부분의 초보 투자자가 이 화면을 보고 생각한다. "이게 대체 뭘 의미하는 거지?"

걱정하지 마라. 이 막대기 하나하나가 바로 '캔들'이고, 캔들은 생각보다 훨씬 단순한 이야기를 하고 있다.

캔들의 기본 구조

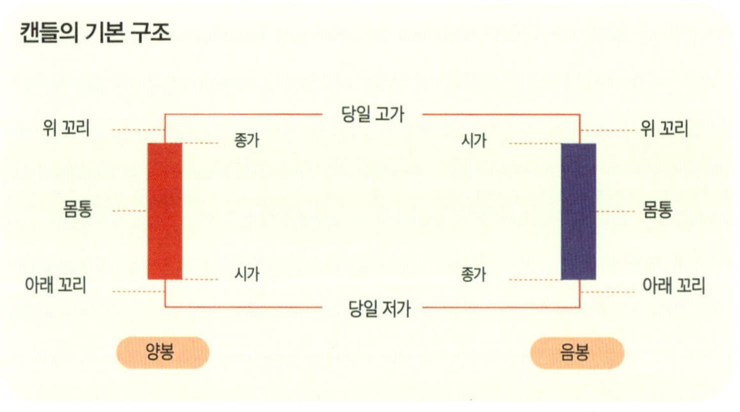

캔들 하나는 하루 동안 벌어진 매수자와 매도자의 전쟁 결과 보고서다. 매일 아침 9시, 시장이 열리면 전쟁이 시작된다. 사려는 사람과 팔려는 사람이 맞붙는다. 오후 3시 30분, 시장이 닫히면 전쟁이 끝난다. 그 하루의 전투 결과가 캔들 하나에 기록된다.

전쟁 보고서에는 네 가지 정보가 담긴다.

- 시가: 전쟁이 시작된 가격이다. 오늘의 첫 거래 가격. 선전포고의 순간이다.
- 종가: 전쟁이 끝났을 때의 가격이다. 오늘의 마지막 거래 가격. 최종 승전 결과다. 누가 이겼는지는 종가가 말해준다.
- 고가: 전쟁 중 가장 높이 올라간 가격이다. 매수 세력이 밀어올린 최전선. "여기까지는 올라갔다"는 기록이다.
- 저가: 전쟁 중 가장 낮게 내려간 가격이다. 매도 세력이 밀어 내린 최전선. "여기까지는 밀렸다"는 기록이다.

이 네 가지 숫자가 하나의 캔들을 만든다. 캔들의 두꺼운 부분(몸통)은 시가와 종가 사이의 거리를 나타내고, 위아래로 삐져나온 얇은 선(꼬리)은 고가와 저가까지의 거리를 나타낸다.

용어 정리 캔들

하루 동안의 시가·종가·고가·저가를 하나의 막대로 표현한 것. 두꺼운 몸통은 시가와 종가 사이의 거리, 위아래의 얇은 꼬리는 장중 최고가와 최저가까지의 거리를 보여준다.

양봉(빨간색) "오늘은 사려는 쪽이 이겼다"

시가보다 종가가 높으면 양봉이다. 오늘의 전쟁에서 매수 세력이 이긴 것이다.

아침에 10,000원으로 시작해서, 하루 종일 밀고 당기다가, 장 마감 때 10,500원으로 끝났다면 양봉이다. 종가가 시가보다 500원 높다. 매수자가 매도자를 500원만큼 밀어낸 것이다.

양봉의 본질은 **기대감의 승리**다. "이 종목은 더 오를 것이다"라는 기대를 가진 사람들이, "여기서 팔겠다"는 사람들을 이겼다는 의미다. 기대감의 크기가 클수록, 즉 몸통이 길수록 매수 세력의 승리가 압도적이었다는 뜻이다.

음봉(파란색) "오늘은 팔려는 쪽이 이겼다"

시가보다 종가가 낮으면 음봉이다. 매도 세력이 이긴 것이다.

아침에 10,000원으로 시작해서, 장 마감 때 9,500원으로 끝났다면 음봉이다. 매수자가 매도자에게 500원만큼 밀린 것이다.

음봉의 본질은 실망감의 승리다. "이 가격에서는 팔아야 한다"는 판단이, "더 오를 거야"라는 기대를 이겼다는 뜻이다. 몸통이 길수록 매도 세력의 승리가 압도적이다.

실전 팁 **양봉과 음봉, 핵심은 '몸통의 길이'**
양봉인지 음봉인지만 보지 말고, 몸통의 길이에 주목하라. 몸통이 길면 한쪽의 완승이고, 몸통이 짧으면 박빙의 승부다. 몸통의 길이가 곧 확신의 강도다.

꼬리: 치열했던 격전지의 흔적

아래 꼬리 없는 양봉과 위 꼬리 없는 음봉

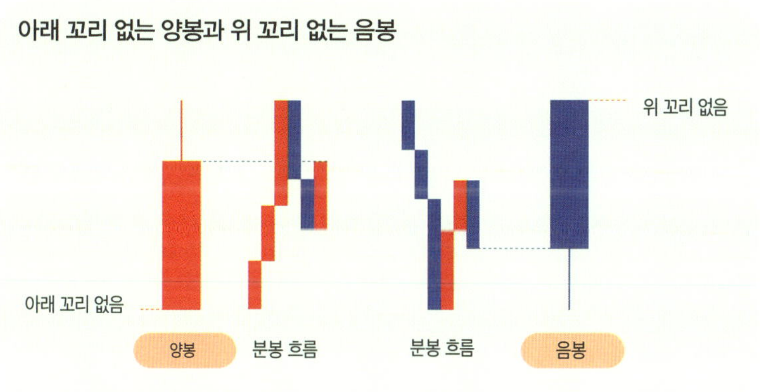

위 꼬리 없는 양봉과 아래 꼬리 없는 음봉

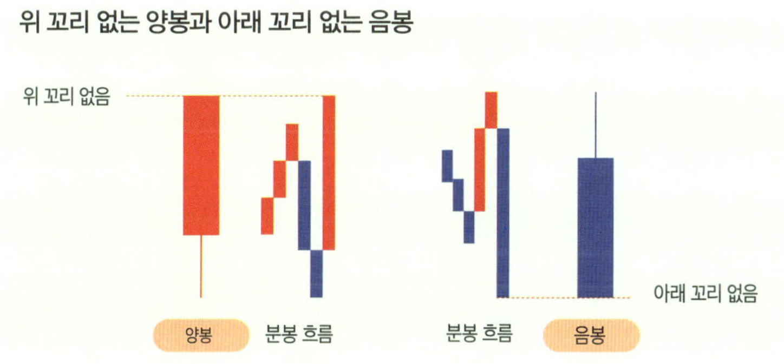

캔들의 몸통만 보면, "매수가 이겼다" 또는 "매도가 이겼다"는 결과만 알 수 있다. 하지만 그 하루의 과정까지 알고 싶다면, 꼬리를 봐야 한다.

윗꼬리: "여기까지 올라갔지만, 결국 밀려 내려왔다"

윗꼬리는 장중에 주가가 올라갔다가 다시 내려온 흔적이다. 매수 세력이 밀어 올렸지만, 그 가격대에서 매도 세력이 강하게 반격한 것이다.

윗꼬리는 저항의 벽이다. "이 가격까지는 갔지만, 더 위로는 못 갔다"는 기록이다. 윗꼬리가 길수록 그 가격대에서의 매도 압력이 강했다는 뜻이다.

예를 들어, 10,000원에 시작해서 장중에 10,800원까지 올라갔다가, 결국 10,200원에 끝났다면? 10,800원까지의 긴 윗꼬리가 생긴다. "10,800원 부근에서 팔려는 사람이 많았다"는 증거다.

아랫꼬리: "여기까지 밀렸지만, 다시 끌어올렸다"

아랫꼬리는 장중에 주가가 내려갔다가 다시 올라온 흔적이다. 매도 세력이 밀어 내렸지만, 그 가격대에서 매수 세력이 강하게 받아낸 것이다.

아랫꼬리는 든든한 지원군이다. "여기까지 밀렸지만, 더 아래로는 안 갔다"는 기록이다. 아랫꼬리가 길수록 그 가격대에서의 매수 의지가 강했다는 뜻이다.

10,000원에 시작해서 장중에 9,200원까지 밀렸다가, 결국 9,800원에 끝났다면? 9,200원까지의 긴 아랫꼬리가 생긴다. "9,200원 부근에서 사려는 사람이 많았다"는 증거다.

이것만 기억하라: 캔들 핵심 패턴 3가지

수백 가지 캔들 패턴이 있지만, 입문자가 실전에서 가장 자주 만나고, 가장 유용한 패턴은 세 가지다.

❶ 장대양봉: "강한 매수 세력이 작정하고 들어왔다"

장대양봉은 몸통이 유난히 긴 양봉이다. 시가 대비 종가가 크게 올라간 것으로, 하루 동안 매수 세력이 압도적으로 이겼다는 뜻이다.

장대양봉의 핵심은 "확신의 크기"다. 많은 자금이 하루 만에 들어왔다는 증거이기 때문이다. 특히 거래량이 평소보다 크게 늘면서 장대양봉이 나타나면, 새로운 자금이 본격적으로 유입되기 시작했다는 강력한 신호다.

어디서 나타나느냐에 따라 의미가 달라진다.

- 오랜 하락 끝에 나타난 장대양봉: 추세 전환의 첫 번째 신호일 수 있다. 바닥에서 새로운 매수 세력이 진입한 것이다.
- 상승 추세 중간에 나타난 장대양봉: 추세가 가속되고 있다는 신호다. 매수 세력이 더욱 강해지고 있다.

- 오랜 상승 끝 고점에서 나타난 장대양봉: 주의가 필요하다. 마지막 불꽃일 수 있다. 거래량이 역대급으로 터지면 오히려 경계 신호다.

❷ 망치형(해머): "바닥에서 살아 돌아온 반격의 신호"

망치형은 몸통이 짧고, 아래꼬리가 몸통의 2~3배 이상 긴 캔들이다. 모양이 망치(해머)처럼 생겼다고 해서 이 이름이 붙었다.

이 캔들이 말하는 이야기는 이렇다. 장중에 주가가 크게 밀렸다. 매도 세력이 강하게 공격한 것이다. 그런데 그 아래에서 매수 세력이 등장해 주가를 다시 끌어올렸다. 한때 크게 밀렸지만, 결국 시가 근처까지 회복한 것이다.

망치형은 하락 구간에서 나타날 때 의미가 크다. 오랫동안 주가가 빠진 뒤, 어느 날 망치형 캔들이 나타나면, "이 가격대에서 더 이상 팔려는 사람보다 사려는 사람이 강하다"는 신호다. 하락이 멈추고 반등이 시작될 수 있다.

단, 한 가지 주의할 점이 있다. 망치형이 나타난 다음 날의 주가가 중요하다. 다음 날 양봉이 나오면서 망치형의 고점을 넘어서면, 반전 신호의 신뢰도가 높아진다. 다음 날 다시 하락하면, 아직 반전이 확정되지 않은 것이다.

❸ 도지: "팽팽한 눈치싸움, 곧 큰 움직임이 온다"

도지 캔들의 유형

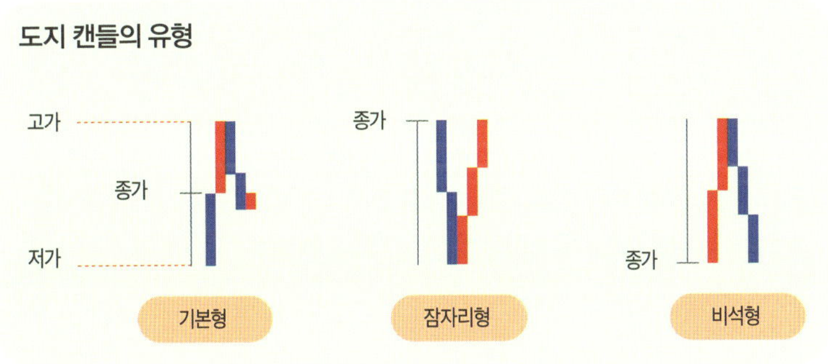

도지는 시가와 종가가 거의 같은 캔들이다. 몸통이 거의 없고, 위아래 꼬리만 있는 십자가 모양이다.

이것이 무슨 뜻인가. 하루 종일 매수와 매도가 치열하게 싸웠는데, 결국 비긴 것이다. 장중에 올라가기도 하고 내려가기도 했지만, 마감 때 돌아보니 출발점과 같은 위치에 있다.

도지는 시장의 결정 장애 상태다. 방향을 못 정한 것이다. 매수도 매도도 확실한 우위를 점하지 못했다. 이 교착 상태는 오래가지 않는다. 에너지가 응축되어있기 때문에, 곧 한쪽으로 크게 움직일 가능성이 높다.

도지가 어디서 나타나느냐가 핵심이다.

- 오랜 상승 뒤 고점에서 도지: 매수 세력의 힘이 약해지고 있다는 경고. 상승 추세가 멈추거나 전환될 수 있다.
- 오랜 하락 뒤 저점에서 도지: 매도 세력의 힘이 약해지고 있다는 신호. 하락이 멈추거나 반전될 수 있다.
- 횡보 구간 중간에서 도지: 아직 방향이 정해지지 않았다. 다음 캔들의 방향이 돌파의 방향을 결정한다.

핵심 패턴　도지 해석의 핵심

도지 자체는 방향을 알려주지 않는다. '곧 큰 움직임이 올 수 있다'는 준비 신호일 뿐이다. 반드시 다음 날의 캔들과 함께 읽어야 한다. 도지 다음 날 장대양봉 → 상승 시작 가능성. 도지 다음 날 장대음봉 → 하락 시작 가능성.

캔들이 추세의 시작을 알려준 최근 사례
2025년 우주항공 관련주 – 바닥에서 터진 장대양봉

2025년 하반기, 한국의 우주항공 산업이 본격적인 국가 전략 산업으로 격상되면서 관련 종목들이 시장의 관심을 끌었다.

이 가운데 한 우주항공 부품 기업의 차트는 캔들 분석의 교과서적 사례를 보여줬다. 이 종목은 수개월간 하락 추세를 이어오며 투자자들의 관심 밖에 있었다. 거래량은 하루 10만 주 미만으로 줄어들었고, 주가는 이전 고점 대비 절반 이하로 밀려 있었다.

어느 날, 정부의 우주항공 육성 정책 발표와 함께 이 종목에서 거래량 500만 주를 동반한 장대양봉이 터졌다. 평소 거래량의 50배가 넘는 수치였다. 시가 대비 종가가 15% 이상 올랐고, 아랫꼬리는 거의 없이 몸통만 긴 강력한 양봉이었다.

이 캔들 하나가 말해주는 것은 명확했다. "새로운 자금이 대규모로 유입됐다. 매수 세력이 작정하고 들어왔다." 이후 이 종목은 20일 이동평균선을 타면서 두 달간 추가로 80% 이상 상승했다.

물론, 장대양봉이 나올 때마다 반드시 이런 결과로 이어지는 것은 아니다. 하지만 오랜 하락 뒤 바닥권에서, 대량 거래를 동반한 장대양봉이 나타났다면, 그것은 최소한 "무시해서는 안 되는 신호"다.

AI 서비스 관련주: 고점 도지가 보내준 경고

반대 사례도 있다. 2025년 초, AI 서비스 관련 중소형주 한 종목이 3개월간 가파르게 상승했다. 주가는 3배 이상 올랐고, 차트는 완벽한 정배열이었다.

그런데 신고가 부근에서 '윗꼬리가 긴 도지 캔들'이 나타났다. 거래량은 역대 최고 수준이었다. 장중에 크게 올랐다가, 종가에서 시가 근처로 되밀린 것이다. 많은 사람이 이날을 "잠깐 쉬어가는 것"으로 해석했다.

그러나 이 도지의 의미는 달랐다. 고점에서의 역대급 거래량 + 도지는, 매수 세력과 매도 세력이 대규모로 충돌하며 균형이 깨지기 직전이라는 신호였다. 이튿날 장대음봉이 나왔고, 이후 2주간 주가는 30% 넘게 하락했다.

고점에서의 도지를 "쉬어가는 것"으로 해석한 투자자와, "경고 신호"로 해석한 투자자. 캔들 하나를 어떻게 읽느냐에 따라 결과가 갈렸다.

캔들 하나에 일희일비하지 마라

캔들 분석을 배우면, 캔들 하나하나에 의미를 부여하고 싶어진다. 장대양봉이 나오면 흥분하고, 긴 윗꼬리가 나오면 불안해진다. 자연스러운 반응이지만, 위험한 습관이다.

캔들 한 개는 하루의 이야기일 뿐이다. 하루의 이야기만으로 전체 줄거리를 판단하면 안 된다. 어제 장대양봉이 나왔다고 내일도 오른다는 보장은 없다. 캔들은 반드시 맥락 속에서 읽어야 한다.

맥락이란 무엇인가. 이 캔들이 나오기 전까지 추세는 어디를 향하고 있었는가. 거래량은 이 캔들을 뒷받침하고 있는가. 재료적으로 이 움직임을 설명할 수 있는 이유가 있는가.

이 세 가지를 함께 보지 않으면, 캔들 분석은 점술과 다를 바 없어진다.

캔들은 차트의 가장 작은 단위이면서, 가장 많은 정보를 담고 있는
단위다. 시가, 종가, 고가, 저가 네 개의 숫자 안에 매수자와 매도자의
하루 전쟁이 압축되어 있다. 이 전쟁 보고서를 읽을 수 있게 되면, 차트
는 더 이상 의미 없는 막대기의 나열이 아니다. 시장이 매일 쓰는 일기
장이 된다.

캔들은 시장이 매일 쓰는 일기다.
일기 한 줄에 흥분하지 말고,
전체 이야기의 흐름을 읽어라.

차트의 나침반, 이동평균선으로 추세 읽기

이동평균선, 들어는 봤는데 뭔지 모르겠다면

이동평균선을 처음 들으면 어렵게 느껴진다. '이동'? '평균'? '선'? 단
어 하나하나는 알겠는데, 합쳐 놓으니 감이 안 온다. 걱정하지 마라. 아
주 쉬운 비유로 시작하겠다.

학교 성적표를 떠올려 보자

중학생 때 시험을 떠올려 보라. 수학 시험을 다섯 번 봤다고 하자. 점수가 60점, 70점, 80점, 75점, 90점이었다. 이 다섯 번의 평균은 75점이다.

다음 시험에서 95점을 받으면? 가장 오래된 60점이 빠지고 새로운 95점이 들어온다. 평균은 82점으로 올라간다. 그다음 시험에서 또 90점이면? 70점이 빠지고 90점이 들어온다. 평균은 86점.

이렇게 '가장 오래된 점수를 빼고, 가장 최근 점수를 넣으면서' 계속 평균을 갱신하는 것. 이것이 이동평균이다. 고정된 평균이 아니라, 계속 움직이는(이동하는) 평균이다.

주식에서도 마찬가지다. 5일 이동평균선은 최근 5거래일의 종가 평균이다. 매일 가장 오래된 하루가 빠지고, 새로운 하루가 들어오면서 평균이 갱신된다. 이 갱신된 점들을 연결하면 하나의 곡선이 된다. 그것이 이동평균선이다.

동네 맛집 평점과 같은 원리다

더 쉬운 비유를 하나 더 들겠다. 동네에 새로 생긴 식당이 있다. 배달 앱에서 최근 리뷰 20개의 평균 평점이 4.2점이다. 이것이 20일 이동평균선과 같은 개념이다.

최근 리뷰가 좋으면 평점은 올라간다. 나쁜 리뷰가 연달아 들어오면 평점은 내려간다. 평점이 꾸준히 올라가고 있다면, 이 식당은 점점 좋아지고 있다는 신호다. 반대로 평점이 꾸준히 내려가면, 뭔가 문제가 생기고있다는 경고다.

주가의 이동평균선도 마찬가지다. 이동평균선이 꾸준히 올라가고 있다면, 이 종목의 '평판'이 좋아지고 있다는 뜻이다. 내려가고 있다면, 시장참여자들의 '신뢰'가 줄어들고 있다는 뜻이나.

용어 정리 **이동평균선**
일정 기간 동안의 주가 종가를 평균 내어 선으로 연결한 것. 숫자가 작을수록(5일) 최근 흐름에 민감하고, 클수록(120일) 장기 흐름을 보여준다.

5일, 20일, 60일, 120일 – 사람들의 인내심이 만드는 선

이동평균선은 기간에 따라 종류가 다르다. 그런데 각각의 기간은 단순한 숫자가 아니다. 그 기간 동안 이 종목에 돈을 넣은 사람들의 평균적인 상태를 보여준다. 쉽게 말해, 사람들의 인내심을 기간별로 보여주는 것이다.

❶ 5일선: "이번 주 분위기가 어때?"

5일선은 최근 일주일(5거래일)의 평균이다. 가장 짧은 시야를 가진 사람들, 즉 단기 매매자들의 분위기를 보여준다.

5일선이 올라가고 있으면 "이번 주는 분위기 좋다"는 뜻이다. 내려가면 "이번 주는 분위기가 안 좋다"는 뜻이다. 가장 빠르게 반응하지만, 그만큼 자주 방향이 바뀐다. 하루 급등에도 올라가고, 하루 급락에도 내려간다.

❷ 20일선: "이번 달 흐름은 어떤 방향이야?"

20일선은 최근 한 달(20거래일)의 평균이다. 5일선보다 더 넓은 시야로 시장을 바라보는 선이다.

많은 트레이더가 20일선을 "생명선"이라 부른다. 상승 추세에 있는 종목은 20일선 위에서 움직이는 경향이 강하고, 20일선이 무너지면 추세가 약해지고있다는 경고 신호로 받아들이기 때문이다.

❸ 60일선: "이번 분기, 큰 흐름은 어디를 향하고 있어?"

60일선은 최근 3개월(60거래일)의 평균이다. 하루하루의 등락이 아니라, 분기 단위의 큰 흐름을 보여준다.

60일선이 올라가고 있다면, 이 종목은 최근 석 달간 전반적으로 좋아지고있다는 뜻이다. 60일선이 내려가고 있다면, 석 달간 전반적으로 나빠지고 있다는 뜻이다. 이 선은 5일선이나 20일선처럼 자주 방향이 바뀌지 않는다. 한 번 방향이 잡히면 상당 기간 유지된다.

❹ 120일선 – "올해 상반기를 관통하는 대세는 무엇인가?"

120일선은 최근 6개월(120거래일)의 평균이다. 가장 넓은 시야를 가진 장기 투자자들의 분위기를 보여주는 선이다.

120일선이 상승하고 있다면, 이 종목의 장기 추세는 상승이라고 판단할 수 있다. 일시적으로 주가가 빠지더라도, 120일선이 살아 있다면 "큰 흐름은 아직 괜찮다"는 근거가 된다.

정리하면 이렇다. 5일선은 이번 주, 20일선은 이번 달, 60일선은 이번 분기, 120일선은 올해 상반기의 분위기를 보여준다. 숫자가 커질수록 더 큰 흐름, 더 깊은 인내심을 반영한다.

정배열은 꽃길, 역배열은 가시밭길
정배열: 모든 사람이 웃고 있는 상태

정배열이란, 이동평균선이 위에서부터 5일 → 20일 → 60일 → 120일 순서로 깔끔하게 나열된 상태를 말한다. 짧은 이평선이 위에, 긴 이평선이 아래에 있는 것이다.

이것이 무슨 뜻인가. 최근 일주일 평균이 가장 높고, 한 달 평균이 그 아래, 3개월 평균이 그 아래, 6개월 평균이 가장 아래. 즉, 시간이 지날수록 평균이 점점 올라가고있다는 의미다.

모든 기간의 투자자가 수익을 보고있는 상태. 일주일 전에 산 사람도 수익, 한 달 전에 산 사람도 수익, 석 달 전에 산 사람도 수익, 6개월 전에 산 사람도 수익. 모두가 웃고있다. 매도할 이유가 없다. 그래서 주가

는 더 오르기 쉽다. 이것이 정배열의 힘이다.

용어 정리 정배열

이동평균선이 5일 > 20일 > 60일 > 120일 순서로 위에서 아래로 깔끔하게 나열된 상태. 상승 추세가 건강하다는 신호다.

역배열: 모든 사람이 물려 있는 상태

역배열은 정배열의 반대다. 120일 → 60일 → 20일 → 5일 순서로, 긴 이평선이 위에 있고 짧은 이평선이 아래에 있다.

이것은 시간이 지날수록 평균이 내려가고 있다는 뜻이다. 6개월 전에 산 사람은 크게 물려 있고, 최근에 산 사람도 손해를 보고 있다. 모

든 기간의 투자자가 손실 상태다. "이제 좀 오르면 팔아야지"라고 생각하는 사람이 가격대마다 대기하고 있다. 주가가 오르려 해도, 물린 사람들의 매도 물량에 막혀서 올라가기 어렵다.

초보 투자자는 역배열 종목은 피하는 것이 안전하다.

저자의 한마디

"싸보여서" 역배열 종목을 사는 것은, 모두가 나가는 건물에 혼자 들어가는 것과 같다. 싸다는 것과 좋다는 것은 다르다.

골든크로스가 무조건 매수 신호가 아닌 이유

골든크로스 예시(로보티즈 일봉)

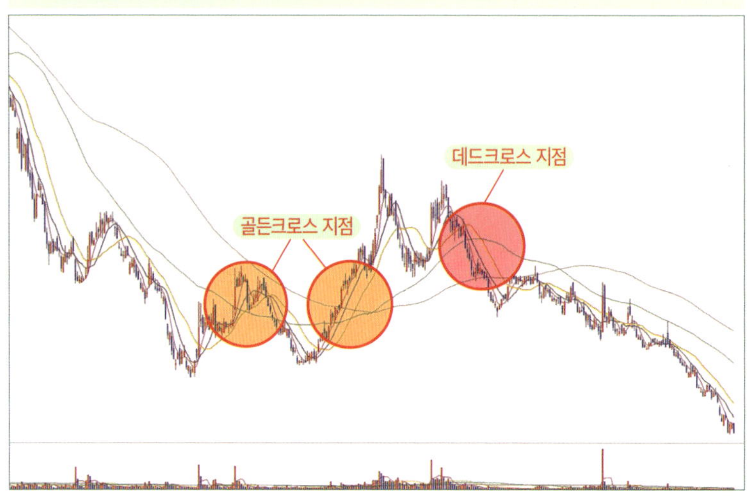

골든크로스는 짧은 이동평균선이 긴 이동평균선을 아래에서 위로 돌파하는 순간을 말한다. 예를 들어, 20일선이 60일선을 아래에서 위로 뚫고 올라가는 것이다.

이름이 '골든(황금)'인 이유는, 이 신호가 나타나면 상승 추세가 시작될 수 있다는 기대감 때문이다. 반대로, 짧은 이평선이 긴 이평선을 위에서 아래로 뚫고 내려가면 '데드크로스(죽음의 교차)'라고 부른다. 하락 추세의 시작일 수 있다는 경고다.

용어 정리 골든크로스·데드크로스

골든크로스: 짧은 이평선이 긴 이평선을 아래에서 위로 돌파. 상승 전환의 가능성. 데드크로스: 짧은 이평선이 긴 이평선을 위에서 아래로 이탈. 하락 전환의 경고.

그런데 왜 무조건 매수하면 안 되는가

골든크로스가 나왔다고 바로 사면, 열에 서넛은 속임수에 당한다.

왜 그런가. 주가가 횡보(옆으로 움직이는 상태)할 때, 이평선들은 서로 가까이 붙어서 이리저리 교차한다. 이때 골든크로스가 나외도 의미가 없다. 진짜 추세 진환이 아니라, 옆으로 기는 외중에 우연히 교차한 것이기 때문이다. 며칠 뒤에 다시 데드크로스가 나오고, 또 며칠 뒤에 골든크로스가 나오는 식으로 반복된다. 이것을 따라가면, 사자마자 빠지고, 팔자마자 오르는 악순환에 빠진다.

진짜 의미 있는 골든크로스를 구분하는 세 가지 기준

- **첫째, 긴 이평선(60일선 이상)이 상승 방향인가.** 60일선이 올라가는 상태에서 20일선이 골든크로스를 만들면 신뢰도가 높다. 60일선이 하락 중이면 가짜일 확률이 높다.
- **둘째, 교차 지점에서 거래량이 늘었는가.** 거래량이 평소보다 크게 늘면서 돌파했다면, 새로운 자금이 들어오고 있다는 증거다. 거래량 없는 돌파는 힘이 약하다.
- **셋째, 교차 후 2~3일간 유지되는가.** 골든크로스가 나온 뒤 2~3일 동안 짧은 이평선이 긴 이평선 위를 유지하면, 신호의 신뢰도가 올라간다. 바로 다음 날 다시 내려오면 가짜다.

이평선이 실전에서 작동한 최근 사례
AI 하드웨어 관련주 – 20일선을 생명선처럼 지킨 상승

2025년, AI 데이터센터 투자가 본격화되면서 AI 하드웨어 관련주들이 시장을 이끌었다. 이 종목들의 차트를 보면, 공통적인 패턴이 하나 있었다.

주가가 올라갈 때는 20일선 위에서 움직이고, 조정이 올 때마다 20일선 부근에서 반등했다. 마치 20일선이 바닥에 깔린 안전망처럼 기능한 것이다. 주가가 20일선을 터치하면 매수세가 들어오고, 다시 올라가는 패턴이 수차례 반복됐다.

이 패턴을 아는 투자자는, 주가가 20일선까지 눌림을 줄 때 분할 매수의 기회로 활용할 수 있었다. 20일선이 살아 있는 한 추세는 유효하다고 판단했기 때문이다.

반대로, 2025년 하반기 일부 AI 관련 소형주가 20일선을 이탈한 뒤 60일선까지 무너지는 모습을 보였다. 20일선 이탈을 신호로 비중을 줄인 투자자와, "일시적 조정"이라며 버틴 투자자의 결과는 크게 달랐다.

K-푸드 관련주: 60일선이 보여준 장기 추세의 힘

2025~2026년, 한국 식품 기업들의 해외 매출이 급증하면서 K-푸드 관련주가 주목받았다. 라면, 김치, 만두 등 한국 식품의 글로벌 수출이 사상 최대를 기록하면서, 관련 기업들의 실적이 크게 개선됐다.

이 기업들의 차트에서 주목할 점은, 60일선이 한 번 상승 방향으로 전환된 이후 수개월간 상승 기울기를 유지했다는 것이다. 단기적으로는 주가가 오르내렸지만, 60일선은 꾸준히 우상향했다.

이것은 무엇을 의미하는가. 최근 3개월간 이 종목을 매수한 사람들의 평균 단가가 계속 올라가고 있다는 것이다. 새로운 자금이 지속적으로 유입되고 있다는 증거다. 60일선이 상승하는 동안은, 단기 조정이 와도 큰 흐름이 바뀌지 않았다.

60일선이 상승 중인 종목에서 단기 조정이 발생하면, 그것은 위험이 아니라 기회일 수 있다. 반대로, 60일선이 꺾이기 시작하면, 아무리 뉴스가 좋아도 경계해야 한다. 큰 흐름이 바뀌는 중일 수 있기 때문이다.

이평선은 예언가가 아니라 기록관이다

이동평균선에 대해 하나 반드시 짚고 넘어가야 할 것이 있다. 이평선은 미래를 알려주지 않는다.

이평선은 "과거에 이 종목을 산 사람들의 평균 상태가 이렇다"를 기록할 뿐이다. 과거의 기록이 미래를 보장하지 않는다. 20일선에서 세 번 반등했다고 해서 네 번째도 반등한다는 보장은 없다. 정배열이라고 해서 내일도 오른다는 보장은 없다.

이평선은 예언가가 아니라 기록관이다. 기록관의 말을 참고하되, 맹신하지 마라. 이평선이 보여주는 것은 '현재 상태'이지, '미래의 보장'이 아니다.

그렇다면 이평선을 어떻게 활용해야 하는가. 가장 실용적인 활용법은 손절의 기준으로 삼는 것이다.

"이 이평선이 무너지면 나간다." 이것이 이평선의 가장 값진 쓰임새다. 매수의 근거로 사용하는 것보다, 이탈의 기준으로 사용하는 것이 훨씬 안전하다.

예를 들어 20일선을 기준으로 잡았다면, 주가가 20일선 위에 있는 동안은 보유하고, 20일선을 종가 기준으로 이탈하면 정리한다. 이 단순한 규칙 하나만으로도, 큰 하락을 피할 수 있는 경우가 놀라울 정도로 많다.

이동평균선은 완벽하지 않다. 그러나 완벽한 도구는 이 세상에 없다. 이평선의 한계를 알면서도 사용하는 것과, 이평선을 맹신하는 것은 하늘과 땅 차이다. 한계를 알고 쓰면 '도구'가 되고, 모르고 쓰면 '함정'이 된다.

이평선이 알려주는 건 미래가 아니라 현재다.
현재의 상태를 정확히 읽는 것이,
미래를 맞히려는 것보다 낫다.

그랜빌의 법칙

그랜빌의 법칙은 이동평균선과 가격의 관계를 통해 매수·매도 시점을 판단하는 추세추종 이론이다. 핵심은 단순하다. 가격은 이동평균선으로부터 멀어지면 다시 가까워지려는 경향이 있고(회귀), 동시에 한 번 형성된 추세는 쉽게 꺾이지 않으려는 성질(관성)을 가진다는 점이다. 이 두 힘이 교차하는 지점에서 매매 신호가 발생한다.

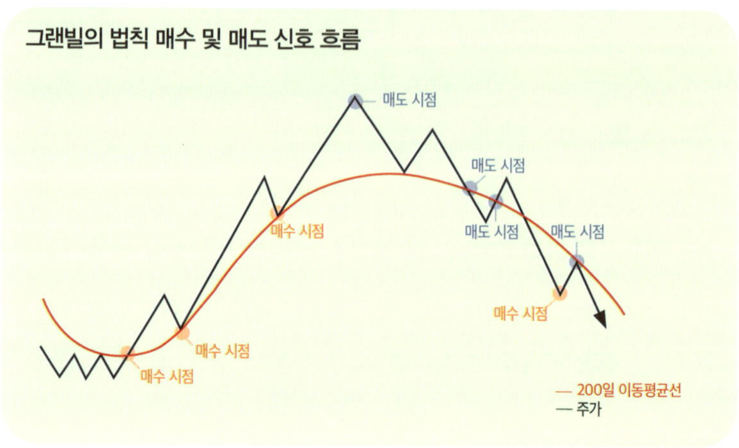

이 법칙은 크게 8가지 신호(매수 4가지, 매도 4가지)로 구성되지만, 본질은 하나다. 이동평균선의 방향성과 가격의 위치 관계를 함께 보는 것이다. 이동평균선은 단순한 선이 아니라, 일정 기간 동안 시장 참여자들의 평균 매입단가를 시각화한 집합적 심리선이다. 따라서 가격이 이 선을 어떻게 대하는지가 곧 시장의 심리를 반영한다.

❶ 매수 신호의 구조

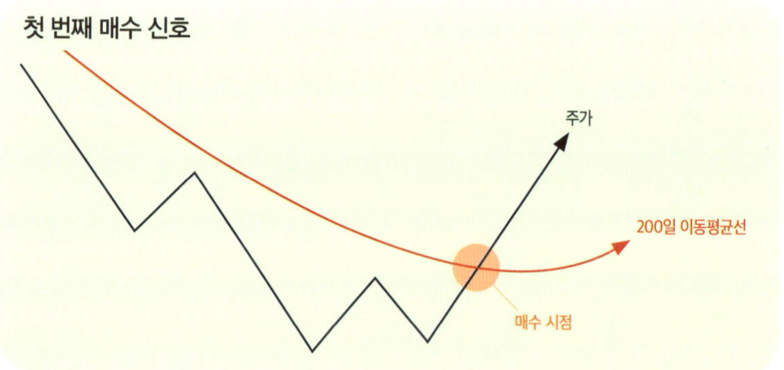

첫째, 장기 이동평균선이 하락을 멈추고 횡보 또는 상승으로 전환되는 구간에서 가격이 이를 상향 돌파하는 경우다. 이는 긴 하락 이후 추세 전환의 초기 신호에 해당한다. 다만 추세의 초입이기 때문에 실패 확률도 존재한다.

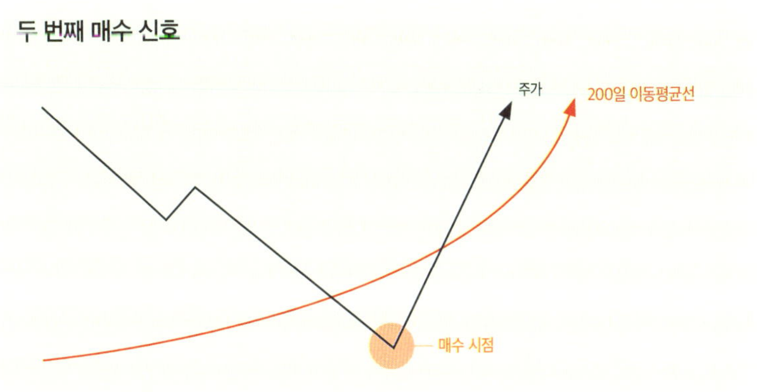

둘째, 장기 이동평균선이 뚜렷한 상승세를 보이는 가운데 가격이 조정을 받으며 장기 이동평균선을 처음으로 하향 이탈하는 경우다. 이를 파동의 관점에서 해석해보면, 1파의 충격파를 확인한 후 조정 파동인 2파의 구간에서 매수하는 전략이다.

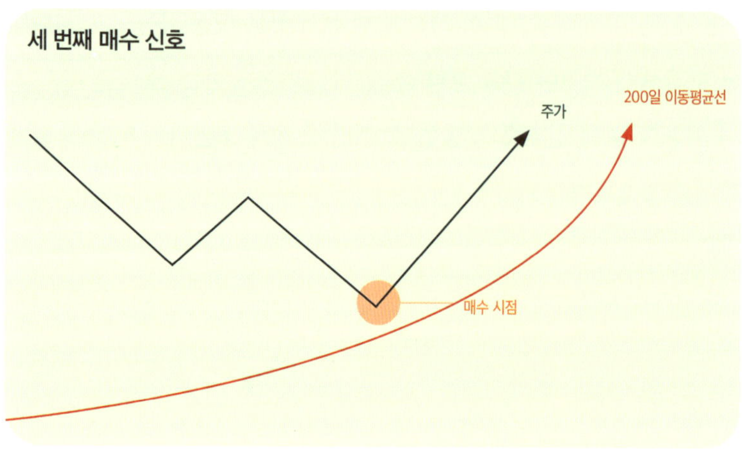

셋째, 상승 추세가 이어지는 상황에서 두 번째 눌림목 구간에 진입했을 때, 장기 이동평균선과 가까운 지점에서 매수하는 전략으로 이후 재상승을 시도하는 구간이다. 다만 파동이론으로 해석할 경우 이는 4파 구간에서 매수하여 5파를 기대하는 전략이기 때문에 기대수익 대비 리스크가 커질 수 있다.

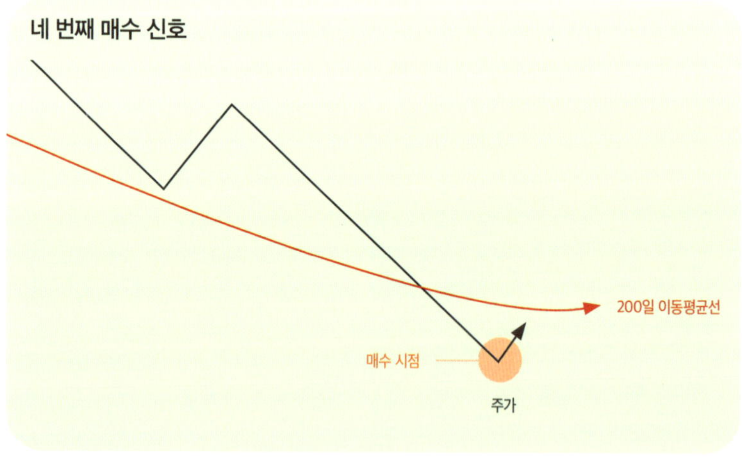

넷째, 장기 하락 추세 속에서 가격과 이동평균선의 이격이 과도하게 벌어진 상태에서 발생하는 기술적 반등 구간이다. 이는 추세추종이 아니라 평균 회귀 관점의 단기 매매에 가깝다. 구조적 강세 신호로 해석해서는 안 되며, 리스크가 매우 높은 매매 전략임을 염두해야 한다.

❷ 매도 신호의 구조

첫 번째 매도 신호

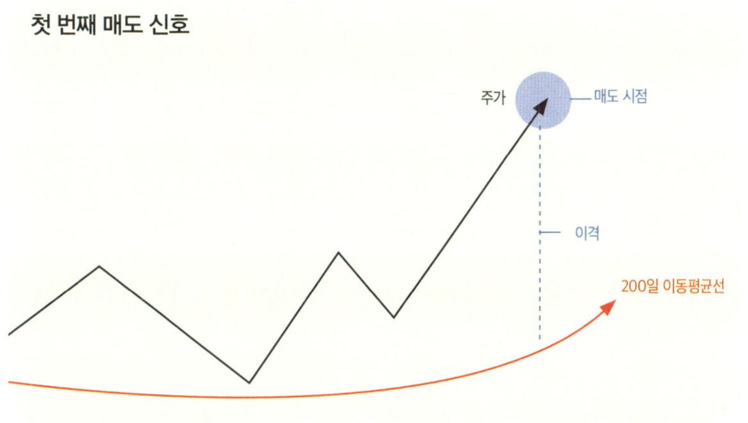

첫째, 장기 상승 추세 속에서 가격이 이동평균선과 과도하게 이격된 경우다. 이는 과열 구간으로, 회귀 가능성을 염두에 둔 분할 매도 전략이 유효하다.

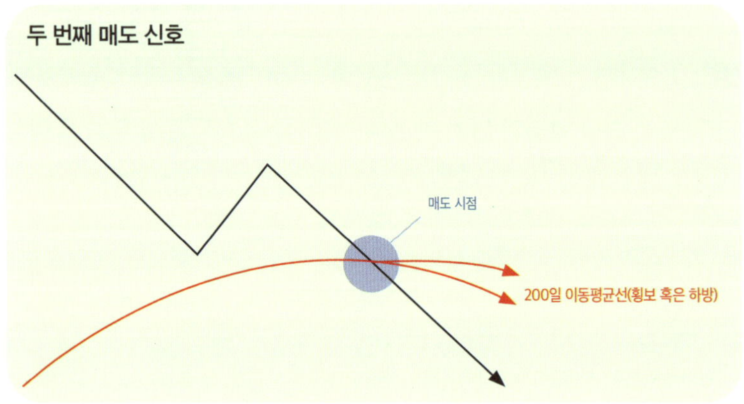

둘째, 장기 이동평균선의 방향이 상승을 멈추고 횡보 또는 하락으로 전환되는 과정에서 가격이 이를 하향 이탈하는 경우다. 이는 추세 종료 가능성을 시사하는 핵심 경고 신호다.

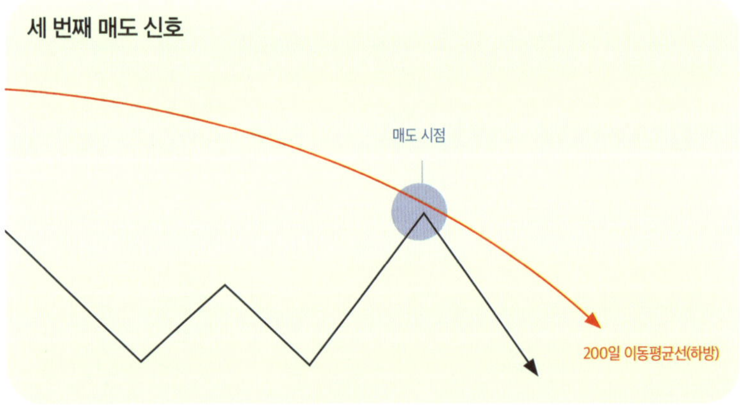

셋째, 하락 추세가 이어지는 가운데 가격이 반등하여 이동평균선을 처음으로 상향 돌파하는 경우다. 이는 상승 전환이 아니라 하락 추세 속 기술적 반등일 가능성이 높다.

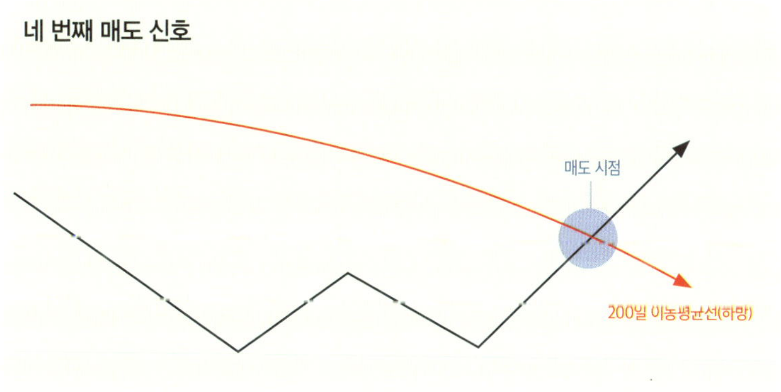

넷째, 하락 추세가 심화되어 이격이 과도하게 벌어진 이후 다시 이동 평균선으로 접근하는 구간이다. 반등을 매도 기회로 활용하는 구조다.

관성과 회귀: 이동평균선에 담긴 두 가지 힘

그랜빌의 법칙의 본질은 단순한 매수·매도 공식이 아니라, 관성과 회귀라는 두 가지 힘이 가격과 이동평균선의 관계 속에서 어떻게 드러나는지를 읽어내는 데 있다. 시장은 한 방향으로 움직이기 시작하면 쉽게 꺾이지 않으려는 성질, 즉 관성을 가진다. 상승은 추가 매수를 부르고, 하락은 추가 매도를 부르며 추세를 강화한다. 동시에 가격은 평균에서 과도하게 멀어지면 다시 평균으로 되돌아가려는 회귀 성향을 갖는다. 이동평균선은 일정 기간 동안의 평균 매입단가, 즉 시장 참여자들의 집단 심리를 시각화한 선이기 때문에, 가격이 이 선과 어떻게 이격되고 다시 접근하는지가 곧 관성과 회귀의 균형을 보여준다. 상승 추세 속 눌림은 관성이 유지되는 구간이며, 과도한 급등 후 이격 확대는 회귀 가능성이 높아지는 구간이다. 그랜빌의 법칙은 바로 이 두 힘이 교차하는 지점을 구조적으로 해석하는 체계다.

다만 이 법칙은 본질적으로 후행성이다. 이동평균선은 이미 형성된 가격 데이터를 평균낸 결과이기 때문이다. 따라서 단순히 교차나 돌파 신호만을 기계적으로 따를 경우, 상승이 상당 부분 진행된 뒤 매수하거나 하락이 깊어진 뒤 매도하는 상황이 발생할 수 있다. 이것이 이동평균선의 가장 큰 함정이다. 그러므로 실전에서는 이동평균선의 방향성, 가격과의 이격 정도, 거래대금의 동반 여부, 상위 타임프레임의 추세, 섹터 내 상대 강도 등 구조적 맥락을 함께 고려해야 한다. 이동평균선은 단독 무기가 아니라, 이미 형성된 추세를 확인하고 리스크를 관리하기 위한 프레임으로 활용해야 한다.

결국 그랜빌의 법칙은 미래를 예측하는 공식이 아니라, 현재 형성된 구조 속에서 확률이 유리한 위치를 선별하기 위한 도구다. 상승 추세 속 눌림은 확률이 높고, 하락 추세 속 반등은 리스크가 크며, 과도한 이격은 회귀 가능성을 내포한다는 단순하지만 일관된 원리를 이해하는 것이 핵심이다. 이동평균선은 가격의 흔적을 정리해 보여주는 지도와 같다. 그 지도를 통해 우리는 노이즈에 흔들리지 않고, 관성과 회귀가 균형을 이루는 지점을 찾아낼 수 있다. 이러한 사고 위에서 해석될 때, 그랜빌의 법칙은 단순한 기술적 패턴이 아니라 확률적 우위를 확보하기 위한 체계적 사고 도구가 된다.

구조적 중첩과 신뢰도 판단

시장에서 가장 어려운 일은 좋은 종목을 찾는 것이 아니라, 불필요한 움직임에 반응하지 않는 것이다. 차트에는 수많은 신호가 존재하지만, 그중 상당수는 방향성을 만들지 못하는 일시적 변동, 즉 노이즈에 불과하다. 단기 캔들의 강한 양봉, 하루 급등, 뉴스 한 줄에 흔들린 움직임이 모두 추세 전환을 의미하지는 않는다. 기술적 분석의 목적은 신호를 많이 찾는 것이 아니라, 의미 없는 신호를 걸러내는 데 있다.

이동평균선은 노이즈를 제거하는 대표적인 필터다. 가격이 단기적으로 급등하더라도 장기 이동평균선이 하락 방향을 유지하고 있다면, 그 반등은 구조적 전환이 아니라 기술적 반등일 가능성이 높다. 반대로 장기 이동평균선이 상승 기울기를 유지하는 가운데 단기 조정이 나온다면, 이는 추세 내 눌림으로 해석할 수 있다. 즉, 이동평균선은 현재의 움직임이 추세 안에 있는지, 추세 밖에 있는지를 구분해주는 기준선 역할을 한다.

제이앤티씨 주봉

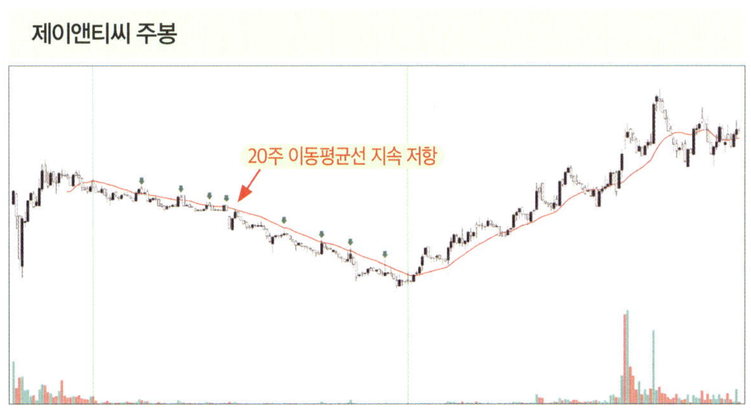

이를 실제 사례로 보면 이해가 더 명확해진다. 제이앤티씨의 주봉 차트를 살펴보면, 장기간 하락 추세 속에서 20주 이동평균선이 지속적으로 저항선 역할을 해왔다. 차트 좌측 구간에서는 양봉이 반복적으로 출현했지만, 20주 이동평균선을 돌파하지 못하는 한 추세는 여전히 하락이었다. 이 구간이 바로 노이즈 구간이다. 만약 단기 양봉만을 근거로 추세 전환을 기대하며 매수에 나섰다면, 반복적인 실패와 손실을 경험했을 가능성이 높다.

그러나 2022년 11월, 주가가 처음으로 20주 이동평균선을 의미 있게 돌파한 이후 상황은 달라졌다. 과거 저항선이었던 20주선이 지지선으로 전환되었고, 이후 상승 추세가 이어졌다. 여기서 중요한 것은 '돌파' 그 자체가 아니라, 저항이 지지로 전환되며 구조가 바뀌었다는 점이다. 제이앤티씨의 추세 전환 가능성을 판단할 수 있는 근거는 단기 캔들이 아니라, 20주 이동평균선과의 관계 변화에 있었다. 이처럼 특정 이동평균선에서 반복적으로 저항을 받았던 구간은 하나의 중첩 구간이며, 그만큼 신뢰도가 높다.

시간의 개념도 함께 고려해야 한다. 분봉보다 일봉, 일봉보다 주봉에서의 반응이 신뢰도가 높듯, 이동평균선을 통한 노이즈 제거 역시 타임프레임이 길수록 의미가 커진다. 제이앤티씨의 경우 주봉 기준으로 약 3년 가까운 박스와 하락 구간이 이어졌다. 그 기간 동안의 작은 변동에 일일이 반응했다면, 시간적·금전적 손실을 동시에 감당했을 것이다. 그러나 20주선 돌파와 지지 전환이라는 구조적 변화만을 기준으로 삼았다면, 노이즈를 대부분 제거할 수 있었다.

이를 엘리어트 파동 관점으로 해석하면, 20주선 돌파 구간을 1파, 지지 확인 구간을 2파로 볼 수 있고, 이후의 급등을 3파로 해석할 수 있다. 중요한 것은 파동 이론 자체가 아니라, 구조적 전환 지점이 이동평균선과 겹쳤다는 사실이다. 이것이 바로 중첩이다. 이동평균선, 시간 구조, 추세 구조가 동시에 맞물릴 때 신뢰도는 높아진다.

> "시상은 인내심이 없는 사람으로부터
> 인내심이 많은 사람에게로 돈이 옮겨가는 장치다."
>
> - 워런 버핏 -

대부분의 매매 실패는 정보 부족이 아니라 조급함에서 발생한다. 작은 변동에 반응하지 않고, 중첩된 구조가 형성될 때까지 기다리는 태도. 그것이 이동평균선을 활용한 노이즈 제거의 핵심이며, 확률적 우위를 만드는 출발점이다.

주가는 속여도 거래량은 못 속인다: 거짓말 탐지기 활용법

주가만 보는 것은 반쪽짜리 진실을 믿는 것이다

주가를 사람의 표정이라고 생각해 보자.

누군가 환하게 웃고 있다. "기분이 좋은가 보다"라고 판단한다. 그런데 그 사람이 억지로 웃고 있는 것일 수도 있다. 진짜 기쁜 건지, 애써

웃는 건지 표정만 봐서는 알 수 없다.

이때 목소리 톤을 함께 들으면 어떨까. 표정이 밝은데 목소리도 활기차다면 진짜 기분이 좋은 것이다. 표정은 밝은데 목소리가 힘이 없다면 무언가 숨기고 있을 가능성이 높다.

주가가 표정이라면, 거래량은 목소리다. 주가는 시장이 '어떤 모습'을 하고 있는지를 보여준다. 거래량은 그 모습이 '진심'인지를 알려준다.

주가가 올랐다. 좋은 일인가? 모른다. 거래량이 함께 늘었는지를 봐야 안다. 거래량이 크게 늘면서 올랐다면, 많은 사람이 돈을 들고 동참한 것이다. 진짜 상승이다. 거래량이 줄면서 올랐다면, 소수의 사람이 올린 것이다. 오래 가지 않을 가능성이 높다.

> 거래량은 투자자들이 '돈으로 하는 투표'다.
> 입으로 하는 말은 거짓일 수 있지만,
> 실제로 돈을 넣는 행위는 거짓말하기 어렵다.

이 장에서 우리는 거래량이 들려주는 네 가지 이야기를 배운다. 이것만 알아도, 차트에서 진짜와 가짜를 구분하는 눈이 열린다.

용어 정리 거래량

일정 기간 동안 매매된 주식의 수. 하루 거래량이 100만 주라면, 그날 100만 주가 누군가의 손에서 다른 누군가의 손으로 넘어갔다는 뜻이다. 거래량이 많을수록 시장 참여자들의 관심과 확신이 크다.

거래량이 들려주는 네 가지 이야기

주가의 방향(상승 또는 하락)과 거래량의 변화(증가 또는 감소)를 조합하면, 네 가지 상황이 만들어진다. 이 네 가지 조합 각각이 시장의 서로 다른 상태를 알려준다.

첫째: 주가 상승 + 거래량 증가 "이건 진짜다"

주가 상승 + 거래량 증가(삼성전자 일봉)

주가가 올라가면서 거래량도 함께 늘어나는 것. 이것은 가장 건강한 상승이다.

왜 건강한가. 주가가 올라가고있다는 것은 사려는 사람이 팔려는 사람보다 많다는 뜻이다. 그런데 거래량까지 늘고있다면, 점점 더 많은 사람이 "이 가격에서 사겠다"고 돈을 투입하고 있다는 의미다. 참여자의 수도 늘고, 확신의 강도도 세지고있는 상태.

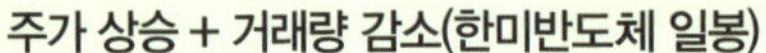

둘째: 주가 상승 + 거래량 감소 "곧 멈출 차다, 속지 마라"

주가 상승 + 거래량 감소(한미반도체 일봉)

주가가 올라가고 있는데, 거래량은 줄어들고 있다. 겉으로는 좋아 보
인다. 주가가 올라가니까. 하지만 속은 다르다.

거래량이 줄고 있다는 것은, 이 상승에 동참하는 사람이 점점 줄어들고 있다는 뜻이다. 초반에는 많은 사람이 사들였지만, 지금은 소수의 사람만 사고 있다. 연료가 떨어져가는 차와 같다. 아직 달리고 있지만 곧 멈출 것이다.

이 상황에서 "주가가 올라가니까 나도 사자"고 뛰어들면, 높은 확률로 고점 근처에서 매수하게 된다. 거래량이 줄어드는 상승은 경고 신호다. 이때는 추격 매수가 아니라 관망이 정답이다.

거래량의 언어 주가 상승 + 거래량 감소 = 동력이 빠지는 상승

참여자가 줄어들고 있다. 상승의 마지막 구간일 수 있다. 이 조합이 나타나면 추격 매수를 자제하고, 보유 중이라면 일부 수익 실현을 검토한다.

셋째: 주가 하락 + 거래량 증가 "누군가 대량으로 던지고 있다"

주가 하락 + 거래량 증가(딥노이드 일봉)

주가가 떨어지면서 거래량이 폭발적으로 늘어나는 것. 이것은 공포 매도가 발생하고 있다는 신호다.

어떤 이유로든 불안이 확산되면, 참지 못한 사람들이 "무조건 팔겠다"며 매도 물량을 쏟아낸다. 거래량이 크게 늘면서 하락하는 것은, 시장에 공포가 퍼지고있다는 증거다.

이 구간은 위험하지만, 동시에 기회의 전조일 수도 있다. 공포 매도가 극에 달하면, 팔 사람은 이미 다 판 상태가 된다. 매도 물량이 소진되면, 주가는 더 이상 내려갈 힘이 없다. 바닥이 가까워지고 있을 수 있다.

넷째: 주가 하락 + 거래량 감소
"파는 사람이 없다, 하락의 끝이 보인다"

주가가 내려가고있는데, 거래량은 점점 줄어들고있다. 이것은 의외로 나쁜 신호가 아니다.

거래량이 줄고 있다는 것은, 더 이상 팔려는 사람이 별로 없다는 뜻이다. 팔 사람은 이미 팔았다. 남아있는 사람들은 "이 가격에서는 안 팔겠다"고 버티고 있다. 매도 압력이 소진되고 있는 것이다.

하락 + 거래량 감소는 하락세의 힘이 빠지고 있다는 신호다. 아직 바닥이 확인된 것은 아니지만, 하락의 끝이 가까워지고 있을 가능성을

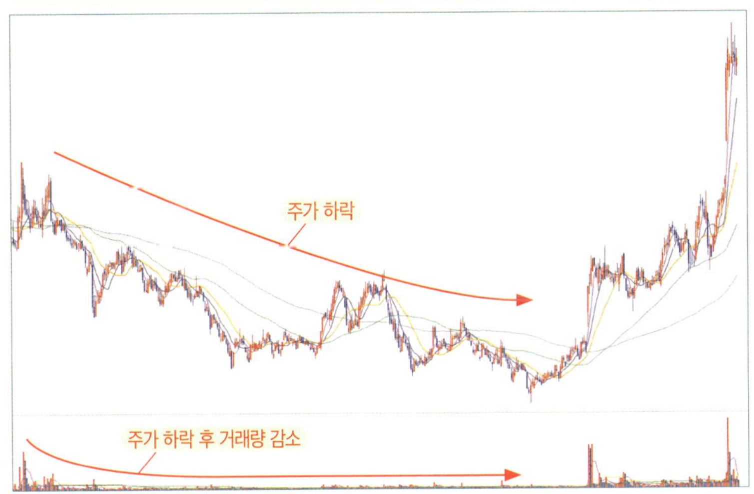

시사한다. 이 다음에 거래량이 다시 늘어나면서 주가가 반등하면, 그 것이 추세 전환의 시작일 수 있다.

거래량의 언어 주가 하락 + 거래량 감소 = 매도 압력 소진

팔 사람이 거의 다 팔았다. 하락의 에너지가 약해지고 있다. 아직 매수 타이밍은 아니지만, 바닥이 형성되고 있을 수 있으므로 주시한다.

실전 팁 네 가지 조합을 한 문장으로 기억하는 법

상승 + 거래량 증가 = 진짜 상승.

상승 + 거래량 감소 = 가짜 상승.

하락 + 거래량 증가 = 공포 진행 중.

하락 + 거래량 감소 = 공포 소진 중.

이 네 문장만 기억해도, 차트를 보는 눈이 완전히 달라진다.

바닥의 거래량과 고점의 거래량은 의미가 다르다

바닥에서 터지는 거래량: 손바뀜, 새로운 시작의 신호

주가가 오랫동안 하락한 뒤, 어느 날 갑자기 거래량이 크게 늘어나면서 긴 아랫꼬리를 만들거나, 하락이 멈추는 모습을 보일 때가 있다. 이것을 '바닥에서의 거래량 폭발'이라 한다.

이 거래량의 의미는 '손바뀜'이다. 오랫동안 물려 있던 사람들이 마침내 포기하고 던진다. 그 물량을 새로운 매수 세력이 받아낸다. 오래된 주주가 나가고, 새로운 주주가 들어오는 것이다. 이것이 손바뀜이다.

손바뀜이 일어나면, 더 이상 "본전 오면 팔겠다"는 매도 대기 물량이 줄어든다. 이전에 높은 가격에서 물린 사람들이 빠져나갔기 때문이다. 새로 들어온 사람들은 현재 낮은 가격에서 매수했으므로, 당분간 매도할 이유가 없다. 매도 압력이 사라지고, 주가가 새롭게 출발할 수 있는 토대가 마련되는 것이다.

물론, 바닥에서 거래량이 터졌다고 해서 즉시 반등하는 것은 아니다. 바닥을 다지는 시간이 필요할 수 있다. 그러나 손바뀜이 확인된 이후의 반등은 그렇지 않은 반등보다 지속력이 훨씬 강하다.

고점에서 터지는 거래량: 마지막 불꽃, 탈출의 신호

반대의 경우를 보자. 주가가 오랫동안 상승한 뒤, 어느 날 역대급 거래량이 터지면서 주가가 큰 폭으로 움직인다. 이것은 어떤 의미인가.

고점에서의 역대급 거래량은 '마지막 불꽃'인 경우가 많다. 축제의 마지막을 장식하는 불꽃놀이와 같다. 가장 화려하지만, 그 뒤에는 어둠이 온다.

왜 그런가. 주가가 오랫동안 올라온 상태에서 거래량이 폭발한다는 것은, 뒤늦게 뛰어드는 사람들이 대거 매수하고 있다는 뜻이다. 뉴스에서 "어떤 종목이 급등했다"는 보도가 나오고, 그것을 본 사람들이 "나도 사야지"하며 달려든다. 이때 일찍 산 사람들은 이 물량을 받아주며 팔고 나간다.

"역대급 거래량에 신고가"라는 뉴스가 나올 때, 많은 초보 투자자가 "대단하다, 이제 진짜 시작이다"라고 생각한다. 그러나 실제로는 "일찍 산 사람이 늦게 온 사람에게 물량을 넘기는 순간"인 경우가 적지 않다.

바닥에서 터지는 거래량은 '환영 인사'이고, 고점에서 터지는 거래량은 '작별 인사'다. 같은 거래량 폭발이라도, 어디서 터졌느냐에 따라 의미가 정반대다.

거래량이 진실을 말해준 최근 사례
2025년 AI 반도체 관련주: 거래량이 먼저 알려준 추세의 시작

2025년 상반기, AI 반도체 공급망 관련 종목들이 다시 한번 시장의 주도주로 떠올랐다. 흥미로운 것은, 주가가 본격적으로 움직이기 전에 거래량이 먼저 변화했다는 점이다.

주가는 아직 횡보 구간에 머물러 있었지만, 거래량이 서서히 늘어나기 시작했다. 평소 하루 50만 주 수준이던 거래량이 80만, 100만, 150만 주로 점차 증가했다. 주가는 큰 변화가 없는데 거래량만 늘어나는 이 현상은 누군가가 조용히 매집하고 있다는 신호였다.

거래량이 주가보다 먼저 움직였다. 이후 주가는 저항선을 거래량 폭발과 함께 돌파하며 본격적인 상승 추세에 진입했다. 거래량의 변화를 읽을 줄 아는 투자자는, 돌파 이전에 이미 이상 신호를 감지할 수 있었다.

테마주의 거짓 돌파: 거래량이 잡아낸 가짜 신호

2025년, 특정 정책 기대감에 힘입어 관련 테마주가 급등한 적이 있었다. 주가는 직전 고점을 뚫고 신고가를 갱신하는 듯 보였다. 차트만 보면 돌파 매수의 타이밍이었다.

그런데 거래량을 확인하니 이야기가 달랐다. 이전 고점을 돌파할 때의 거래량이 직전 고점을 만들 때의 거래량에 한참 미치지 못했다. 가격은 신고가를 찍었지만, 거래량은 오히려 줄어 있었다.

이것은 전형적인 '거짓 돌파'의 패턴이다. 주가는 새로운 영역에 진입한 것처럼 보이지만, 그것을 뒷받침하는 자금의 힘이 부족하다. 결과적으로 이 종목은 신고가를 찍은 지 3일 만에 다시 이전 고점 아래로 내려왔다. 거래량 없는 돌파를 믿고 매수한 투자자들은 고점에 물렸다.

거래량, 절대 숫자가 아니라 '평소 대비'로 봐야한다

초보 투자자가 거래량을 볼 때 빠지기 쉬운 함정이 있다. 거래량의 절대적 크기만 보는 것이다.

하루 거래량이 500만 주라고 하자. 이것이 많은 건가, 적은 건가? 대답은 "종목마다 다르다"이다. 삼성전자처럼 하루 평균 1,000만 주 이상 거래되는 종목에서 500만 주는 오히려 한산한 것이다. 반면, 평소 10만 주 거래되는 중소형주에서 500만 주는 폭발적인 수준이다.

거래량은 반드시 '평균 거래량' 대비로 판단해야 한다. 20일 평균 거래량이 100만 주인 종목에서 300만 주가 거래되면, 평소의 3배다. 이것은 의미있는 변화다. 같은 300만 주라도, 평균이 500만 주인 종목에서는 평소보다 오히려 적은 것이다.

실전에서의 기준을 하나 잡으면 이렇다.

- 평균 대비 1.5배 이상이면 '관심' 수준이다. 무언가 변화가 일어나고 있을 수 있다.

- 평균 대비 2~3배 이상이면 '주목' 수준이다. 뚜렷한 자금의 유입이
  나 이탈이 진행 중이다.
- 평균 대비 5배 이상이면 '결정적 순간'이다. 추세의 시작, 전환, 또
  는 극단적 이벤트가 발생하고 있다.

주가는 시장의 표정이다.

거래량은 시장의 목소리다.

표정은 속일 수 있지만, 목소리는 속이기 어렵다.

하이킨아시: 소음을 걷어내고 추세만 남기는 필터

뒤섞인 캔들 속에서 흐름만 남겨라

앞 장에서 우리는 캔들이 매수자와 매도자의 하루 전쟁 보고서라는 것을 배웠다. 하루하루의 전투 기록이 상세하게 담겨 있다. 그런데 이 상세함이 때로는 문제가 된다.

일반 캔들 차트를 보면, 양봉과 음봉이 뒤섞여 있다. 상승 추세 안에서도 음봉이 나오고, 하락 추세 안에서도 양봉이 나온다. 큰 흐름은 올

라가고 있는데, 중간중간 파란색 캔들이 끼어들면 불안해진다. "추세가 꺾이는 건 아닌가?" 결국 추세 안에서 버티지 못하고 조기에 빠져나오게 된다.

일반 캔들 vs 하이킨아시

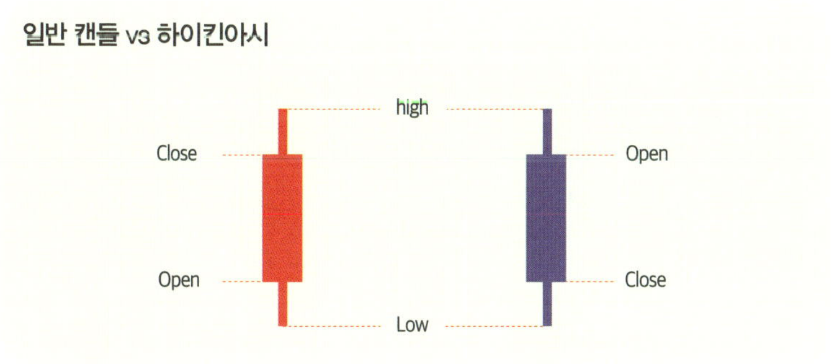

일반 캔들이 '일기'라면, 하이킨아시는 '요약본'이다

이 문제를 해결하기 위해 만들어진 것이 하이킨아시다. 일본어로 '평균적인 막대'라는 뜻이다. 이름 그대로, 일반 캔들의 가격을 평균화하여 소음을 걸러내고 추세의 방향을 더 깨끗하게 보여주는 변형 캔들이다.

일반 캔들이 하루의 전쟁을 있는 그대로 기록한 '일기'라면, 하이킨아시는 그 일기에서 핵심만 뽑아낸 '요약본'이다. 세부적인 등락은 지워지고, "지금 전쟁이 어느 쪽으로 기울고 있는가"라는 큰 흐름만 남는다.

일반 캔들 vs 하이킨아시 - 무엇이 다른가

일반 캔들 vs 하이킨아시

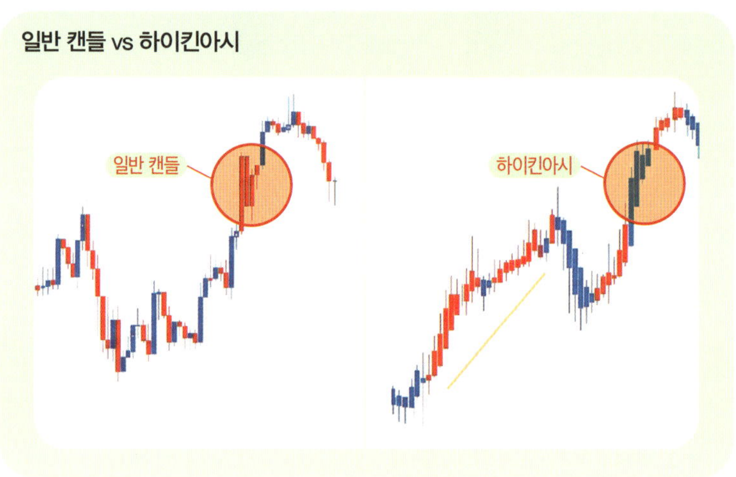

계산 방식의 차이

일반 캔들은 그날의 실제 가격을 그대로 보여준다. 시가 10,000원, 종가 10,500원이면 그대로 표시된다.

하이킨아시는 다르다. 시가와 종가를 이전 캔들의 값과 평균 내어 사용한다.

- 하이킨아시 종가 = (당일 시가 + 고가 + 저가 + 종가) ÷ 4
- 하이킨아시 시가 = (이전 하이킨아시 시가 + 이전 하이킨아시 종가) ÷ 2

핵심은 단순하다. 이전 캔들의 정보를 현재 캔들에 섞어 넣는 것이다. 이렇게 하면 하루하루의 급격한 변동이 부드러워지고, 추세의 방향이 더 뚜렷하게 드러난다.

눈에 보이는 차이

- 일반 캔들: 양봉과 음봉이 뒤섞여 있다. 상승 중에도 파란색이 보이고, 하락 중에도 빨간색이 보인다.
- 하이킨아시: 같은 색이 연속되는 구간이 길다. 상승 구간에서는 빨간색이 줄줄이 이어지고, 하락 구간에서는 파란색이 줄줄이 이어진다. 추세의 시작과 끝이 훨씬 깔끔하게 보인다.

실전 팁 · 하이킨아시를 '추세 필터'로 이해하라

사진의 잡티를 지워주는 보정 필터처럼, 단기 소음을 걸러내고 추세의 윤곽만 선명하게 만든다. 이 필터를 통해 보면, '지금 추세가 살아 있는지 죽었는지'를 훨씬 쉽게 판단할 수 있다.

하이킨아시 캔들, 이렇게 읽는다

❶ 강한 상승: 아랫꼬리 없는 양봉

하이킨아시에서 가장 강력한 상승 신호는 아랫꼬리가 없는 양봉이다. 몸통이 크고, 아래로 삐져나온 꼬리가 전혀 없는 상태. 매수 세력이 장중에 단 한 번도 밀리지 않았다는 뜻이다.

일반 캔들에서는 상승 중에도 장중 조정이 있어서 아랫꼬리가 생기는 경우가 많다. 하이킨아시에서는 평균화 과정을 거치기 때문에, 진짜로 추세가 강할 때만 아랫꼬리 없는 양봉이 나타난다.

❷ 강한 하락: 윗꼬리 없는 음봉

반대로, 윗꼬리가 없는 음봉은 강한 하락 신호다. 매도 세력이 장중에 한 번도 밀리지 않았다는 뜻이다. 이 캔들이 연속으로 나타나면, 하락 추세가 매우 강하다는 경고다.

❸ 추세 전환의 전조: 도지형 캔들

하이킨아시에서 몸통이 작아지고 위아래 꼬리가 모두 나타나면, 추세의 힘이 약해지고 있다는 신호다. 양봉이 연속으로 이어지다가 몸통이 점점 작아지면, 상승의 동력이 빠지고 있다는 것이다.

> **실전 팁** **하이킨아시 3가지 읽기 규칙**
> ① 아랫꼬리 없는 양봉 연속 = 강한 상승, 보유 유지
> ② 윗꼬리 없는 음봉 연속 = 강한 하락, 진입 금지
> ③ 몸통 축소 + 양쪽 꼬리 = 전환 경계, 다음 방향을 기다린다

승률을 높이는 3박자 공식

하이킨아시 단독으로도 유용하지만, 다른 도구와 결합하면 승률이 크게 높아진다. 이 책에서 제안하는 조합은 세 가지 조건이 동시에 충족될 때 진입하는 '3박자 공식'이다.

실전 팁 3박자 공식 | 진입의 3가지 조건
① 하이킨아시 양봉 + 아랫꼬리 없음 (추세 확인)
② 이동평균선 정배열 (방향 확인)
③ 거래량 평균 대비 1.5배 이상 증가 (자금 유입 확인)
→ 세 가지가 동시에 충족되면, 확률적으로 가장 유리한 진입 자리다.

첫째, 하이킨아시 양봉(아랫꼬리 없음)은 추세가 강하다는 것을 확인해 준다. 소음이 걸러진 상태에서도 매수 우위가 확실하다는 의미다.

둘째, 이동평균선 정배열은 단기·중기·장기 참여자 모두가 수익 상태라는 것을 확인해 준다. 매도 압력이 약하고, 추세가 건강하다.

셋째, 거래량 증가는 이 움직임에 실제 자금이 뒷받침되고 있다는 것을 확인해 준다. 거래량 없는 상승은 신뢰할 수 없다.

하나만 충족돼도 참고할 가치가 있지만, 세 가지가 동시에 충족되면 신뢰도는 비약적으로 높아진다.

시간 프레임 조합 전략: 큰 그림과 작은 타점을 함께 보라

하이킨아시의 진짜 위력은 여러 시간 프레임을 조합할 때 나타난다. 세 가지 시간 프레임을 겹쳐보면, 흐름·추세·타점이 모두 확인된다.

전략 유형	흐름(큰 방향)	추세(중간 확인)	타점(진입 시점)
단기 매매	일봉	30분봉	1분봉 · 5분봉
스윙 매매	주봉	일봉	30분봉 · 60분봉

단기 매매: 일봉·30분봉·1분봉 조합

1단계: 일봉으로 큰 방향을 확인한다. 일봉 하이킨아시가 양봉(아랫꼬리 없음) 연속이면, 오늘의 큰 방향은 '상승'이다. 일봉이 음봉이면, 단기 매수는 보류한다.

2단계: 30분봉으로 추세의 현재 상태를 확인한다. 30분봉 하이킨아시도 양봉이 이어지고, 이동평균선이 정배열인지를 확인한다. 일봉과 30분봉이 모두 상승 방향이면 조건 충족이다.

3단계: 1분봉에서 진입 타점을 잡는다. 1분봉 하이킨아시가 조정(음봉) 후 다시 양봉으로 전환되는 순간, 거래량 증가를 동반하면 진입한다. 이것이 '큰 방향 안에서의 눌림 매수'다.

일봉: 하이킨아시 양봉 3일 연속, 20일선 위.

30분봉: 정배열 유지, 오전 중 하이킨아시 양봉 지속.

1분봉: 10시 30분경 단기 눌림 후 양봉 전환 + 거래량 급증 → 진입.

손절: 30분봉 하이킨아시가 음봉으로 전환되면 기계적 이탈.

스윙 매매: 주봉·일봉·30분봉 조합

1단계: 주봉으로 큰 방향을 확인한다. 주봉 하이킨아시가 양봉 연속이면, 이 종목의 중기 추세는 상승이다. 주봉이 음봉이면 스윙 매수를 보류한다.

2단계: 일봉으로 추세의 현재 상태를 확인한다. 일봉 하이킨아시가 양봉이고, 이동평균선이 정배열인지, 거래량이 유지되고 있는지를 확인한다.

3단계: 30분봉에서 진입 타점을 잡는다. 일봉 수준에서 조정이 진행된 뒤, 30분봉 하이킨아시가 음봉에서 양봉으로 전환되고, 거래량이 늘어나는 시점에 진입한다.

매매 시나리오 **미래에셋증권 스윙 매매 예시**

주봉: 하이킨아시 양봉 4주 연속, 추세 건강.

일봉: 3일간 소폭 조정 후 20일선 지지 확인.

30분봉: 조정 마무리 구간에서 양봉 전환 + 거래량 평균 2배 → 진입.

목표: 일봉 기준 전고점.

손절: 일봉 하이킨아시가 윗꼬리 없는 음봉으로 전환 시 이탈.

종목 성격에 따라 하이킨아시 활용법이 달라진다

모든 종목에 같은 기준을 적용하면 안 된다. 종목의 성격에 따라 하이킨아시의 민감도와 활용법을 조절해야 한다.

삼성전자: 안정적 대형주, 느리지만 확실한 신호

삼성전자 같은 초대형 시가총액 종목은 하루 변동폭이 크지 않다. 하이킨아시의 색 전환이 느리게 일어나지만, 한 번 전환되면 신뢰도가 높다. 일봉 기준으로 하이킨아시가 양봉으로 전환되고 3일 이상 유지되면, 중기 추세가 확인된 것으로 판단할 수 있다.

실전 팁 **대형주 하이킨아시 활용**

대형주는 일봉·주봉 위주로 본다. 30분봉 이하의 단기 신호는 소음이 많아 실효성이 떨어진다. '느리지만 확실한' 전략이 대형주에 맞는다.

SK하이닉: 높은 변동성, 빠른 전환에 대비하라

SK하이닉스는 반도체 업황에 따라 변동성이 크다. 하이킨아시의 색 전환이 잦고, 추세가 빠르게 바뀔 수 있다. 이 종목에서는 30분봉 하이킨아시를 적극 활용하되, 반드시 일봉의 큰 방향과 일치할 때만 진입한다.

실전 팁 **변동성 높은 종목의 하이킨아시 활용**

변동성이 큰 종목은 하이킨아시 단독 판단이 위험하다. 반드시 상위 시간 프레임(일봉 또는 주봉)의 방향을 먼저 확인하고, 하위 시간 프레임에서 진입 타점만 잡는 구조를 유지한다.

증권주처럼 추세가 한 번 형성되면 상당 기간 유지되는 종목은 하이킨아시의 장점이 극대화된다. 같은 색의 캔들이 길게 이어지기 때문에, 추세의 시작과 끝을 깔끔하게 잡아낼 수 있다.

실전 팁 추세 지속형 종목의 하이킨아시 활용

'하이킨아시 양봉이 이어지는 동안 보유, 음봉 전환 시 이탈'이라는 단순한 규칙만으로도 상당한 수익을 확보할 수 있다.

하이킨아시를 사용할 때 반드시 알아야 할 것

하이킨아시의 가격은 실제 가격이 아니다.

이것은 하이킨아시를 사용하는 모든 투자자가 반드시 인식해야 할 핵심 주의사항이다.

하이킨아시의 시가와 종가는 평균화된 값이다. 실제 시장에서 거래되는 가격과 다르다. 하이킨아시 차트에서 종가가 10,500원으로 표시되어있어도, 실제 종가는 10,300원이거나 10,700원일 수 있다.

이것이 문제가 되는 순간은 주문을 넣을 때다. 하이킨아시 차트를 보고 "10,500원에 지지가 형성됐으니 여기서 사자"고 주문하면, 실제 가격과 괴리가 생긴다. 손절선을 설정할 때도 같은 문제가 발생한다.

하이킨아시는 후행 지표다.

하이킨아시는 이전 캔들의 값을 평균에 반영하기 때문에, 추세의 전환을 일반 캔들보다 늦게 인식한다. 추세가 이미 꺾인 뒤에야 하이킨아시의 색이 바뀌는 경우가 있다.

이것은 하이킨아시의 구조적 한계다. 소음을 걸러내는 대가로 반응 속도를 포기한 것이다. 따라서 하이킨아시의 색 전환만으로 진입·이탈을 결정하면, 항상 한 템포 늦을 수 있다. 거래량, 이동평균선 등 다른 도구와 함께 사용해야 이 약점을 보완할 수 있다.

하이킨아시는 소음을 지우는 필터다.
필터로 방향을 확인하고, 실제 눈으로 주문을 넣어라.

엘리어트 파동을 읽으면, 진입과 청산이 보인다

진행 중인 흐름 속에서 위치를 판단하라

시장은 예측의 대상이 아니라 해석의 대상이다. 많은 투자자가 "어디끼지 오를까, 어디서 끝날까"를 묻지만, 시장은 그런 질문에 명확한 답을 주지 않는다. 엘리어트 파동이 의미를 가지는 지점은 바로 여기에 있다. 파동은 미래를 맞히는 도구가 아니라, 현재 시장이 어느 구간에 위치해 있는지를 판단하는 기준이다.

엘리어트 파동 이론은 수많은 세부 규칙과 변형, 예외가 존재하여 어려워 보인다. 그러나 본질은 단순하다. 시장은 상승과 하락을 반복하며, 그 흐름은 대체로 5개의 상승 구조와 3개의 조정 구조로 전개된다는 것이다. 중요한 것은 숫자가 아니라 '구간'이다. 상승의 초입인지, 가속 구간인지, 분산 말기인지, 아니면 되돌림 중인지에 따라 전략은 완전히 달라진다.

우리는 종종 결과만 보고 파동을 설명하려 한다. 그러나 실전에서는 반대다. 완성된 차트 위에 파동을 그리는 것이 아니라, 진행 중인 차트 속에서 "지금이 어느 단계인가"를 판단해야 한다. 이 차이가 곧 확률의 차이를 만든다. 1파인지 3파인지, 4파 조정인지 5파 말기인지에 따라 기대 수익과 감내해야 할 리스크의 구조가 달라지기 때문이다.

이 장의 목적은 엘리어트 이론을 완벽하게 암기하는 데 있지 않다. 오히려 복잡한 세부 규칙을 걷어내고, 실전에 필요한 최소한의 구조만 남기는 것이다. 우리는 파동을 통해 세 가지를 얻고자 한다.

첫째, 현재 구간의 위치를 정의하는 능력.

둘째, 유리한 구간에서만 진입하는 절제력.

셋째, 무효가 되는 지점을 명확히 설정하는 리스크 관리 기준.

결국 파동은 '확신'을 주기 위한 도구가 아니다. '확률'을 높이기 위한 도구다.

시장에는 항상 여러 시나리오가 존재한다. 중요한 것은 하나의 정답을 고집하는 것이 아니라, 가장 가능성이 높은 시나리오에 베팅하고, 그 가정이 틀렸을 때 빠르게 수정하는 태도다. 엘리어트 파동은 그 과정을 구조화해주는 틀이다.

이제부터 우리는 파동을 패턴이 아닌 구조로, 예측이 아닌 확률의 관점에서 다시 해석해보려 한다. 시장을 맞히는 것이 아니라, 시장의 위치를 읽는 법을 배우기 위해서다.

파동의 본질

엘리어트 파동을 이해하는 출발점은 단순하다.

시장은 직선으로 움직이지 않는다. 시장은 파동으로 움직인다. 그리고 그 파동은 무질서한 진동이 아니라, 반복되는 구조를 가진다.

상승 추세든 하락 추세든, 방향성이 형성될 때 시장은 대체로 5개의 파동으로 전개된다. 이를 충격파라 부른다. 1파에서 방향이 바뀌고, 2파에서 의심이 나타난다. 3파에서 자금이 본격적으로 유입되며 가장 강한 움직임이 나타난다. 4파는 속도 조절 구간이며, 5파는 마지막 확장 구간이다. 여기서 중요한 것은 3파가 가장 강하고 길어질 확률이 높다는 점이다. 이는 단순한 규칙이 아니라, 심리의 누적과 자금의 집중이 만들어내는 자연스러운 결과다.

5파가 종료되면 곧바로 새로운 추세로 이어지지 않는다. 대부분 3개의 조정파, 즉 A·B·C 구조를 거친다. A파는 첫 반응이며, B파는 차시 구간이다. 다시 상승하는 듯 보이지만 힘은 약하다. C파는 정리 구간이다. 기존 추세의 에너지를 소화하며 균형을 맞추는 과정이다. 상승 뒤에는 조정이, 하락 뒤에는 반등이 반복되는 이유가 여기에 있다.

이 5개의 충격파와 3개의 조정파로 이루어진 흐름의 본질은 반복성에 있다. 일봉에서 나타나는 5파 안에는 분봉 기준의 5파 상승, 3파 조정 구조가 존재하고, 주봉의 조정 안에도 다시 같은 구조가 포함된다. 크기만 다를 뿐, 같은 리듬을 반복한다. 이 반복성 덕분에 우리는 구간을 나눌 수 있고, 구간을 나누기 때문에 확률을 계산할 수 있다.

엘리어트 파동의 목적은 가격을 맞히는 것이 아니다. 지금이 1파의 시작인지, 3파의 확장 구간인지, 5파의 끝자락인지, 혹은 C파의 정리 구간인지 위치를 구분하는 것이다. 위치가 정해지면 전략이 달라질 수밖에 없다. 3파 구간에서는 추세추종이 유리하고, 5파 끝자락이나 조정구간(A-B-C)에서 리스크 관리가 우선된다.

정리하면, 주식 시장은 무작위처럼 보이지만 큰 틀에서는 5개의 충격파와 3개의 조정파로 이루어진 흐름의 구조적 리듬을 반복한다. 이 구조를 이해하는 순간 매매는 예측의 영역에서 벗어나 위치 판단의 영역으로 이동한다. 그리고 위치를 정확히 나누는 능력이 쌓일수록, 확률은 자연스럽게 우리 편이 된다.

충격파와 조정파: 각 구간의 심리와 특징

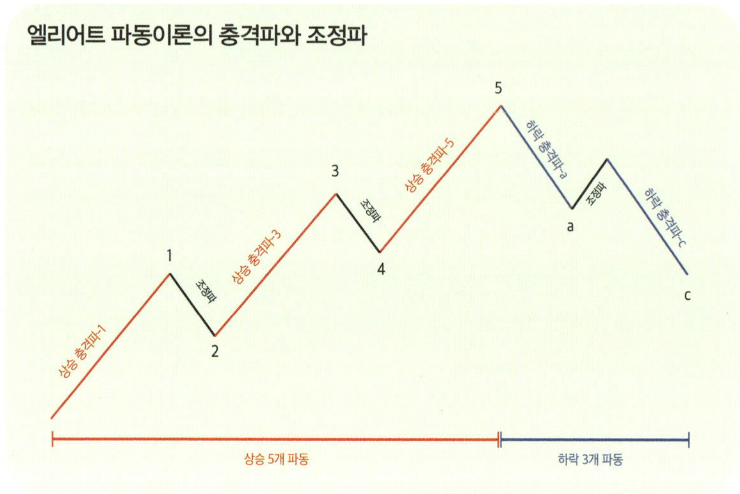

엘리어트 파동을 실전에 적용할 때 핵심은 숫자를 세는 일이 아니라 각 파동의 성격을 구분하는 일이다. 1·3·5번 파동은 상승 충격파이고, 2·4번 파동은 조정파다. 상승 5파가 마무리되면 이후에는 a-b-c 형태의 조정이 이어진다. 이 구조를 이해하지 못하면 파동을 세어도 의미가 없다.

❶ 상승 충격파별 차이

1번 파동은 의심 속에서 시작된다. 이전 하락 추세의 기억이 남아 있어 시장 참여자 다수는 아직 확신하지 못한다. 그래서 1번 파동은 비교적 조용하게 전개되는 경우가 많다. 거래량도 폭발적이기보다는 '변화의 신호' 수준에서 나타난다. 그러나 중요한 점은 구조가 바뀐다는 것이다. 저점과 고점의 배열이 바뀌고, 이전의 하락 논리가 무너진다.

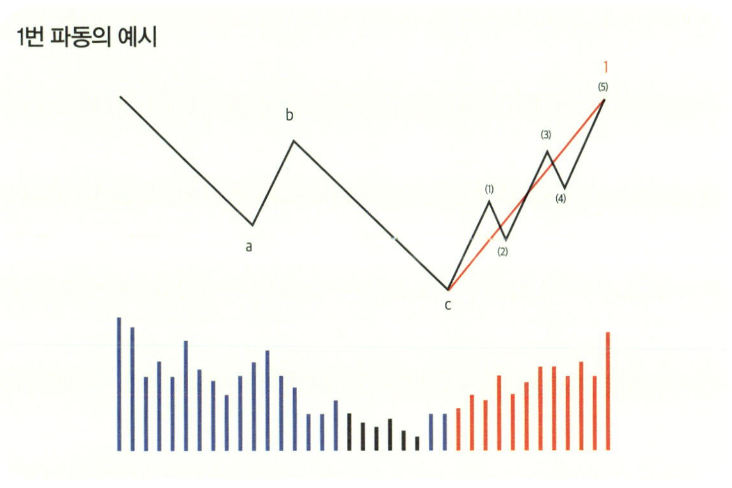

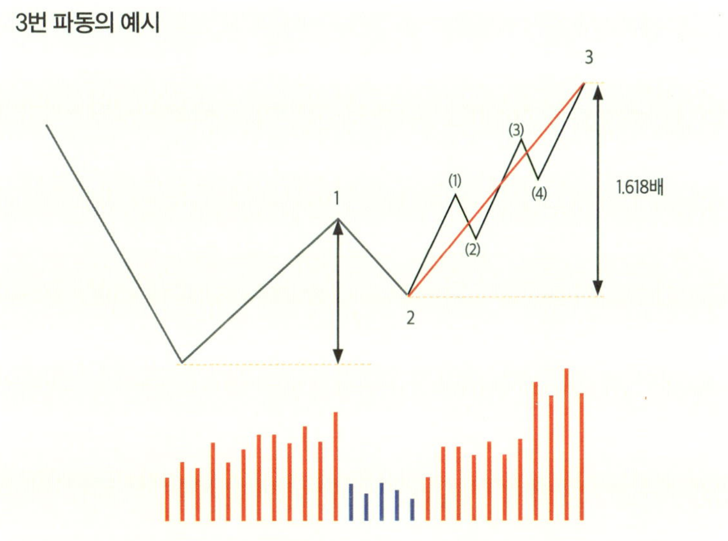

2번 파동의 조정이 끝난 뒤 시작되는 3번 파동은 본격적인 추세 구

간이다. 엘리어트 이론에서 가장 강하고 길어질 가능성이 높은 파동이

3번 파동이다. 3번 파동의 본질은 "확신의 확산"이다. 재료가 붙고, 뉴스가 쏟아지고, 자금이 집중된다. 거래량은 증가하고, 조정은 짧고 얕게 끝나는 경향이 있다. 저점과 고점이 빠르게 높아지며 기울기가 가팔라진다. 실전에서 가장 큰 수익이 발생하는 구간이 바로 이 3번 파동이다.

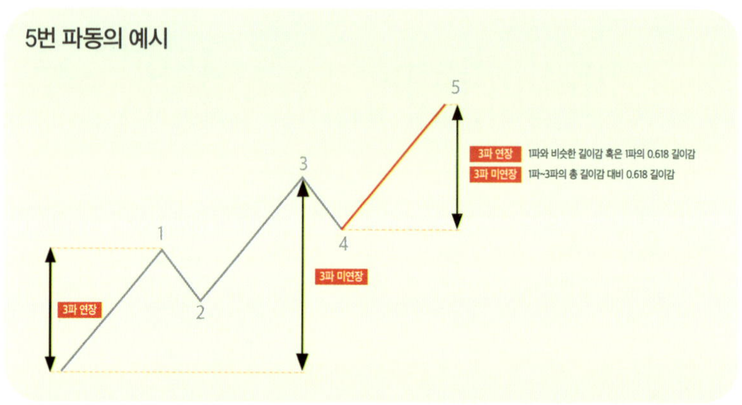

5번 파동은 낙관의 정점에서 전개된다. 가격은 여전히 상승하지만, 내부 동력은 둔화될 수 있다. 거래량이 3번 파동만큼 동반되지 않거나, 상승 폭에 비해 거래량 증가가 제한적이라면 힘의 소진을 의심해야 한다. 5번 파동은 추세의 연장이지만, 동시에 다음 조정을 준비하는 구간이기도 하다.

❷ 2·4번 파동의 조정 성격과 교대의 법칙

2번 파동과 4번 파동은 모두 조정이지만 성격이 다르다. 2번 파동은 1번 파동의 상승을 되돌리는 구간으로, 되돌림 폭이 깊은 경우가 많다.

2번 파동의 예시

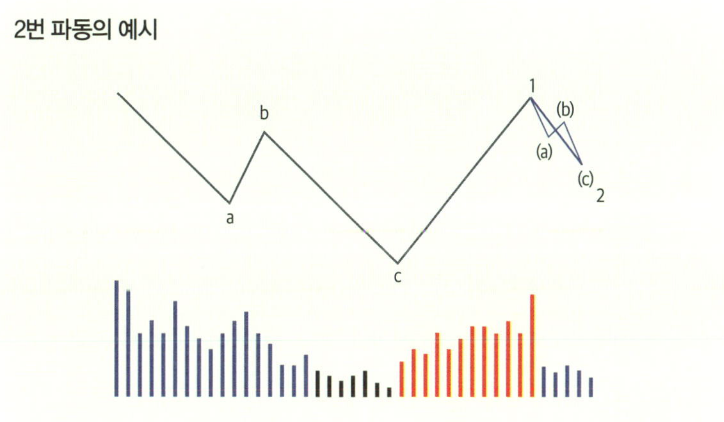

4번 파동의 예시

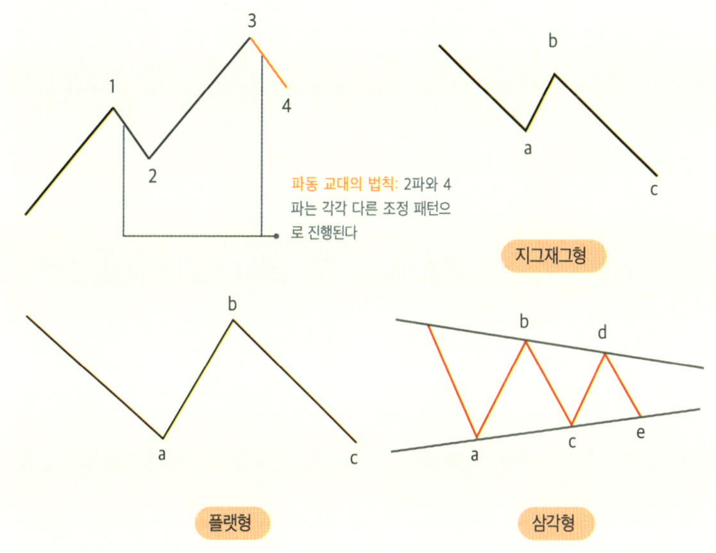

참여자들은 "역시 반등에 불과했다"고 생각하며 다시 매도에 나설 수 있다. 그러나 1번 파동의 시작점을 깨지 않는다는 점이 구조적 기준이 된다.

4번 파동은 3번 파동의 강한 상승 이후 나타나는 조정이다. 2번 파동에 비해 상대적으로 얕고, 횡보 성격이 강한 경우가 많다. 여기서 중요한 개념이 교대의 법칙이다. 2번 파동이 깊고 날카로운 조정이었다면, 4번 파동은 완만하고 복잡한 조정이 되는 경향이 있고, 반대로 2번 파동이 단순했다면 4번 파동은 복잡해질 가능성이 높다. 이 교대의 특성을 이해하면 "왜 이번 조정이 이전과 다른지"를 설명할 수 있다.

조정 구간에서는 거래량이 감소하는 것이 양호한 모습으로 판단한다. 상승 추세 속에서 조정이 나타날 때 거래량이 줄어든다면 이는 숨고르기일 가능성이 높다. 반대로 조정 구간에서 거래량이 급증한다면, 단순 조정이 아닌 추세의 전환일 가능성을 의심해야 한다.

❸ a·b·c 조정의 구조와 심리

5번 파동까지 상승이 마무리되면 a·b·c 형태의 조정이 전개된다. a파는 하락의 시작이지만 많은 이들이 이를 단순 조정으로 인식한다. b파에서는 다시 반등이 나타나며 "추세가 이어지는 것 아닌가"라는 기대를 만든다. 그러나 c파는 구조적으로 또 한 번 하락을 만들며, 이전 고점에 대한 확신을 흔든다.

a-b-c 조정의 본질은 과도했던 낙관을 정상화하는 과정이다. 5파에서 형성된 기대가 조정 과정에서 해소되며, 거래량과 변동성도 재배열된다. 특히 c파에서 거래량이 증가하며 급락이 동반된다면 이는 추세

전환의 신호일 수 있다. 반대로 거래량이 크지 않은 채 완만하게 조정이 마무리된다면, 상위 추세 내 재정비로 해석할 수 있다.

거래량과 함께 읽는 파동의 강도

파동의 강도는 가격만으로 판단할 수 없다. 거래량은 그 파동에 실린 힘을 보여준다. 3번 파동 구간에서 거래량이 증가하며 가격이 가속된다면 이는 강한 추세다. 반면 5번 파동에서 가격은 오르지만 거래량이 줄어든다면 상승의 에너지가 약해지고 있음을 의미한다.

조정 구간에서는 반대로 거래량이 감소하는 것이 건강한 모습이다. 상승 추세 중 4번 파동에서 거래량이 급감한다면 이는 매도 압력이 크지 않다는 뜻이다. 그러나 조정에서 거래량이 급증하고 낙폭이 확대된다면, 이는 단순 조정이 아니라 분산의 시작일 수 있다.

결국 충격파는 방향과 거래량이 함께 증가하는 구간, 조정파는 방향과 반대 힘이 약해지는 구간이다. 이처럼 엘리어트 파동을 실전에 적용한다는 것은 "지금의 움직임이 확신의 확대인지, 확신의 재정비인지"를 구분하는 일로, 단순히 숫자를 세는 것이 아니라, 구간의 성격과 힘의 변화를 읽는 것이 핵심이다.

피보나치와 비율의 확률적 활용

엘리어트 파동이 구조라면, 피보나치 비율은 그 구조에 확률을 부여하는 도구다. 파동을 구분하는 일은 질적 판단의 영역에 가깝지만, 피보나치는 그 판단을 수치화해준다. 어디까지 조정이 나올 가능성이 높은지, 다음 상승의 목표 구간은 어디인지, 과열인지 정상 범주인지에 대해 객관적 기준을 제공한다.

❶ 피보나치 비율의 기본 원리

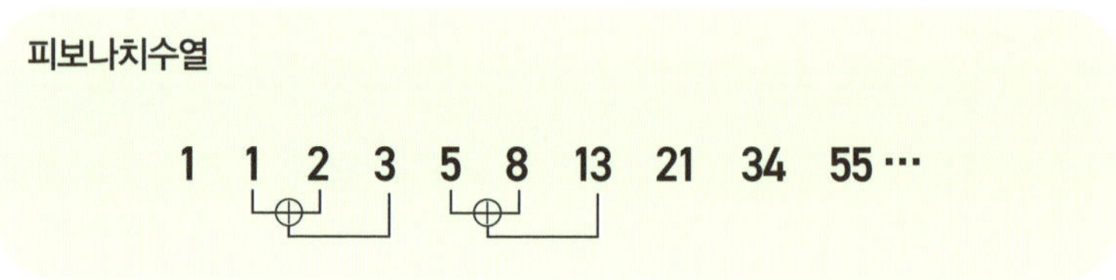

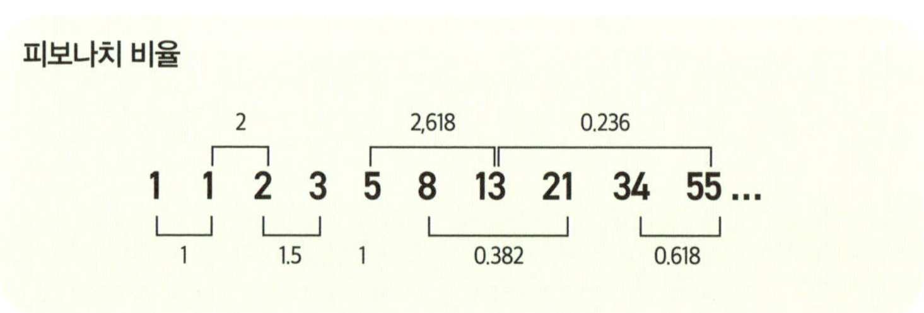

피보나치 수열에서 파생된 0.382, 0.5, 0.618, 1.0, 1.618 등의 비율은 금융시장에서도 반복적으로 관찰된다. 이는 단순한 숫자 놀이가 아니라 군중 심리가 수치적으로 드러나는 현상에 가깝다.

특히 0.618은 '황금비'로 불리며, 조정과 확장의 핵심 비율로 자주 등장한다. 0.382는 얕은 조정, 0.5는 중간 수준의 균형 조정, 0.618은 깊은 조정 구간으로 해석하는 것이 일반적이다. 이 수치는 절대 법칙이 아니라 확률이 집중되는 구간으로 이해해야 한다.

충격파 이후 나타나는 2·4번 파동은 되돌림 비율을 통해 성격을 구분할 수 있다.

4번 파동의 예시

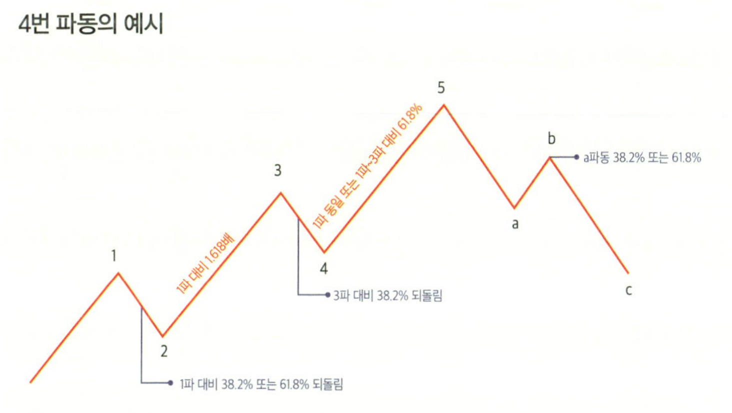

2번 파동은 1번 파동의 상당 부분을 되돌리는 경향이 있다. 0.5~0.618 수준까지 깊게 조정되는 경우도 많다. 이는 아직 추세에 대한 확신이 부족하기 때문이다. 참여자들은 1파 상승을 '일시적 반등'으로 오해하고 강한 매도를 내놓을 수 있다.

반면 4번 파동은 3번 파동 상승 이후의 조정으로 이미 추세가 시장에 인식된 상태이기 때문에 되돌림 폭이 얕은 경우가 많다. 0.382 수준에서 마무리되는 경우가 대표적이다.

되돌림 비율은 단독 기준이 아니라, 구조·거래량·지지·저항과 함께 중첩되어야 의미가 있다.

❸ 3번 파동과 5번 파동의 확장 비율

확장 비율은 다음 충격파의 목표 구간을 가늠하는 데 사용된다.

3번 파동은 가장 강력한 파동으로, 1번 파동 길이의 1.618배까지 확장되는 경우가 많다. 때로는 2.618배까지도 확장된다. 중요한 점은 3번 파동이 짧아서는 안 된다는 것이다. 3번 파동은 최소한 1·3·5 중 가장 짧지 않다는 규칙을 따른다.

5번 파동은 3번 파동만큼 강하지 않은 경우가 많으며, 1번 파동과 유사한 길이로 형성되거나 0.618배 수준에서 마무리되기도 한다. 만약 3번 파동이 과도하게 확장되었다면 5번 파동은 짧게 끝날 확률이 높다. 반대로 3번 파동이 비교적 절제된 확장이었다면 5번 파동이 추가 확장을 시도할 수 있다.

확장 비율은 목표가 예측의 도구이지만, 절대 목표가 아니다. 가격이 비율 구간에 도달했을 때의 거래량과 구조 변화가 더 중요하다.

❹ a·b·c 조정과 비율의 적용

5번 파동 이후 나타나는 a·b·c 조정에서도 피보나치 비율은 유효하다.

a파 하락 이후 b파는 보통 a파의 0.382~0.618 구간까지 되돌리는 경향이 있다. 그러나 b파가 과도하게 깊어지면, 조정이 아닌 새로운 상승 파동으로 오인될 수 있다.

c파는 a파 길이와 유사하거나 1.618배로 확장되는 경우가 많다. 특히 c파에서 거래량이 증가하며 가격이 가속된다면 조정의 종결이 아니라 추세 전환 가능성까지 염두에 두어야 한다.

a·b·c 구조는 단순한 패턴 인식이 아니라, 심리적 균형이 어디까지 재조정되는지 수치로 확인하는 과정이다.

❺ 확률적 활용의 원칙

피보나치 비율은 예측 도구가 아니라 확률 관리 도구다. 특징 비율에 도달했다고 해서 반드시 반전하거나 연장된다는 보정은 없다.

피보나치 구간은 매수·매도의 이유를 제공하지만, 리스크 관리가 전제되지 않으면 의미가 없다. 피보나치 비율은 확률을 높이는 도구이지, 승리를 보장하는 공식이 아니다.

정리하면, 파동의 수학은 가격의 리듬을 수치로 해석하는 과정이다. 구조는 방향을 제시하고, 거래량은 힘을 보여주며, 피보나치는 그 움직임이 어디까지 전개될 가능성이 높은지를 제시한다. 이 세 가지가 겹치는 구간에서 비로소 확률이 쌓인다.

불가침 법칙과 카운팅 검증

엘리어트 파동을 활용하는 과정에서 가장 경계해야 할 것은 '그럴듯함'이다. 차트는 언제든 그럴듯하게 보일 수 있다. 상승이 나오면 1번 파동으로, 조정이 나오면 2번 파동으로, 다시 상승하면 3번 파동으로 끼워 맞출 수 있다. 그러나 파동은 상상력이 아니라 구조다. 구조에는 반드시 지켜야 할 기준이 있다. 그것이 바로 불가침 법칙이다. 이 기준이 무너지면 카운팅은 의미를 잃는다.

먼저 충격파의 불가침 조건을 살펴보자. 상승 5파 구조에서 2번 파동은 1번 파동의 시작점을 침범할 수 없다. 1번 파동의 출발점 아래로 2번 파동이 완전히 되돌린다면, 그것은 충격파가 아니라 단순 반등일 가능성이 높다. 또한 3번 파동은 1·3·5번 파동 중 가장 짧을 수 없다. 3번 파동은 구조상 가장 강한 구간이며, 거래량과 모멘텀이 집중되는 핵심 구간이다. 만약 3번 파동이 가장 짧다면, 카운팅을 다시 점검해야 한다. 마지막으로 4번 파동은 일반적인 충격 구조에서 1번 파동의 가격 영역을 침범하지 않는다. 이 구간을 깨고 내려온다면, 확장형이거나 다른 복합 구조를 의심해야 한다. 이 세 가지는 선택 사항이 아니라 최소 조건이다. 하나라도 위배된다면 해당 카운팅은 수정 대상이다.

조정파 역시 마찬가지다. a·b·c 구조는 단순히 '내렸다가 올랐다가 다시 내리는' 형태가 아니다. a파는 충격적 하락의 성격을 띠고, b파는 반등이지만 대개 이전 고점을 명확히 돌파하지 못하며, c파는 a파와 유사하거나 확장된 길이로 마무리된다. 이 과정에서 되돌림 비율이 0.382~0.618 구간에 위치하는지, 거래량이 a·c 구간에서 상대적으로 증

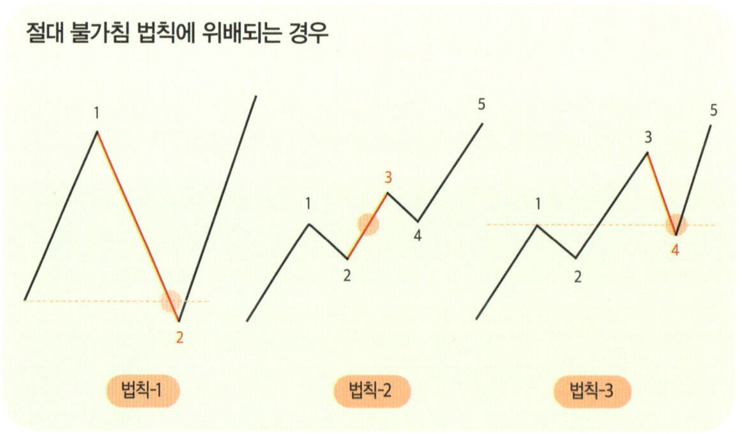

가하고 b 구간에서 줄어드는지 함께 확인해야 한다. 조정은 단순한 가격 하락이 아니라, 이전 상승 에너지가 얼마나 소진되었는지를 보여주는 구간이기 때문이다.

결국 카운팅은 한 번 정하면 끝나는 결론이 아니라, 계속해서 검증해야 하는 가설이다. 구조가 불가침 법칙을 지키는지 확인하고, 피보나치 비율이 합리적인지 점검하며, 거래량이 파동의 성격과 일치하는지 살펴보는 과정이 필요하다. 이 세 가지가 동시에 맞아떨어질 때 비로소 신뢰도가 쌓인다. 반대로 하나라도 어긋난다면, 기존 카운팅을 고집하기보다 수정하는 것이 옳다.

파동을 억지로 맞추는 순간 해석은 왜곡된다. 시장은 언제나 교과서처럼 움직이지 않는다. 확장, 실패, 복합 조정 등 다양한 변형이 존재한다. 그렇기 때문에 엘리어트 파동은 정답을 맞히는 도구가 아니라, 구간을 나누고 확률을 관리하기 위한 사고 체계다. 법칙을 지키고, 가설을 세우고, 틀리면 인정하고 수정하는 태도. 그것이 카운팅을 실전에 연결하는 가장 현실적인 방법이다.

엘리어트 파동 실전 적용: 시장→섹터→종목

엘리어트 파동은 구간을 나누는 사고 체계로, 그 구간은 반드시 위에서 아래로 좁혀져야 한다. 시장을 보지 않고 종목만 보는 파동은 확률이 낮다. 파동은 개별 종목에서 시작되지 않는다. 시장 → 섹터 → 종목의 흐름 속에서 동일한 구조가 반복될 때 비로소 신뢰도가 생긴다.

먼저 시장의 위치를 확인해야 한다. 지수가 충격파 구간인지, 조정파 구간인지가 가장 중요하다. 예를 들어 지수가 1번 파동 상승 이후 2번 파동 조정 구간이라면, 대부분의 종목은 변동성 속에서 흔들릴 확률이 높다. 반내로 지수가 3번 파동 구간에 진입했다면 개별 종목의 3번 파동 확장 가능성도 함께 열리게 된다. 시장이 a·b·c 조정의 c파 말기에 위치해 있다면, 종목의 1번 파동 초입이 나올 확률을 준비해야 한다. 즉, 지수의 위치가 종목 파동의 확률을 결정한다.

그 다음은 섹터다. 시장이 3번 파동에 위치해있더라도 모든 업종이 동일하게 움직이지 않는다. 항상 자금은 집중되는 섹터로 흐른다. 상승 초입에는 주도 섹터가 1번 파동을 만들고, 2번 파동 조정을 거친 뒤 3번 파동에서 폭발한다. 이때 후발 섹터는 아직 조정 구조에 머물러 있을 수 있다. 따라서 종목을 보기 전에, 해당 섹터가 시장 구조와 싱크가 맞는지 확인해야 한다.

마지막이 종목이다. 종목에서는 파동을 통해 "지금이 어느 구간인가"를 판단해야 한다. 1번 파동의 초입인지, 2번 파동의 조정의 끝자락인지, 3번 파동의 확장 구간인지에 따라 전략은 완전히 달라진다. 예를 들어 3번 파동이 상당히 진행된 상태에서 뒤늦게 진입하는 것은 손익비가 좋지 않다. 반대로 2번 파동의 조정이 피보나치 0.5~0.618 구간에서 마무리되고 거래량이 감소한 상태라면, 이는 3번 파동의 준비 구간일 가능성이 높다. 구간을 알면 손절선이 명확해지고, 손익비가 계산된다.

이렇게 구간 중심 매매의 핵심은 예측이 아니라 위치 인식이다. 우리는 다섯개의 파동이 반드시 나올 것이라고 단정하지 않는다. 다만,

"2번 파동 조정 말기라면 3번 파동의 가능성이 열린다"는 확률을 계산하는 것이다. 그리고 그 가설이 틀리면 2번 파동의 저점을 이탈할 경우 손절하면 된다.

시장 전체가 조정 구간일 때 무리한 공격은 필요 없다. 시장과 섹터, 종목의 구조가 동시에 낮물릴 때만 비중을 늘린다. 이것이 구간 중심 매매의 본질이다.

방향은 맞았는데 타이밍이 틀렸다면, 시간의 계층을 무시한 것이다

> "시장은 3차원적이다. 한 가지 시간대만 보는 것은
> 눈을 가리고 코끼리를 만지는 것과 같다."
>
> - 알렉산더 엘더 -

시간의 계층을 읽어야 매매가 완성된다

많은 투자자가 겪는 가장 고질적인 문제가 있다. '방향은 맞았는데 타이밍이 틀렸다.'

일봉 차트에서 완벽해 보이는 상승 신호가 주봉의 하락 추세 속 일시적 반등에 불과했던 경험. 장기적으로 유망한 종목임을 알면서도 단기 고점에 진입해 몇 주 동안 고통받았던 기억. 분석은 틀리지 않았다. 그러나 결과는 손실이었다. 문제는 분석력이 아니라 시간의 계층 구조를

무시한 진입에 있었다.

시장은 단일한 평면이 아니다. 여러 시간대가 중첩되어 움직이는 입체적인 구조다. 월봉의 흐름, 주봉의 방향, 일봉의 리듬, 분봉의 파동이 동시에 존재한다. 하나의 시간대만 보고 내린 판단은 전체 구조의 일부만 본 판단이다. 바다에 비유하면 이렇다. 조류가 밀물인지 썰물인지 모른 채 파도만 보고 뛰어들면, 잔물결 하나에 방향을 잃는다. 다중 시간대 분석은 이 세 가지 층위를 동시에 읽는 방법이다.

체력 검증이 끝나지 않은 종목에 타이밍 기술을 쓰는 것은 시간 낭비다

중요한 전제가 있다. 다중 시간대 분석은 '무엇을 살 것인가'의 문제를 해결하지 않는다. '언제 들어갈 것인가'의 문제를 해결한다. '무엇을'은 이미 앞 장에서 끝나 있어야 한다.

2장에서 우리는 세 가지 분석의 통합을 배웠다. 기본적 분석으로 체력이 검증된 종목을 선정하고, 재료적 분석으로 시장의 관심이 향하는 방향을 확인했다. 이 두 관문을 통과한 종목만이 기술적 분석의 대상이 된다. 거름망을 통과하지 못한 종목에 아무리 정교한 타이밍 기술을 적용해봤자 의미가 없다. 체력 없는 종목에 올라타면 흔들릴 때 기댈 근거가 없다는 원칙은 여기서도 변하지 않는다.

기본적 분석이 '자격 심사'라면, 다중 시간대 분석은 '입장 타이밍'이다. 자격을 갖춘 종목이 준비되었을 때, 비로소 이 기술이 작동한다.

바다에 뛰어들기 전에, 밀물인지 썰물인지부터 확인하라

알렉산더 엘더 박사가 1985년에 고안한 삼중 '스크린 매매 기법'은 다중 시간대 분석의 가장 표준적이고 검증된 프레임워크다. 이 시스템의 핵심은 단순하디. 세 가지 시간대에 각각 다른 역할을 부여하고, 세 가지가 동시에 같은 방향을 가리킬 때만 진입한다.

추세추종 지표는 매수 신호를 보내는데 오실레이터는 과매수라고 경고하는 상황. 이 모순은 같은 시간대에서 서로 다른 성격의 지표를 사용하기 때문에 발생한다. 엘더 박사는 이 모순을 '시간대를 분리하는 것'으로 해결했다. 추세는 상위 시간대에서 확인하고, 조정은 중간 시간대에서 포착하고, 진입은 하위 시간대에서 실행한다.

20주선이 하락하고 있다면, 어떤 단기 신호도 믿지 마라

첫 번째 스크린의 역할은 시장의 거대한 흐름, 즉 조류(Tide)의 방향을 파악하는 것이다. 스윙 트레이더가 일봉을 주로 본다면 주봉이 첫 번째 스크린이 된다. 데이 트레이더가 분봉을 주로 본다면 일봉이 그 기준이 된다.

이 책에서 조류의 나침반은 20주 이동평균선이다. 앞서 이동평균선 편에서 강조했듯, 20주선은 약 100거래일, 즉 한 분기 이상 참여자들의 평균 매입 단가를 압축한 선이다. 이 선의 기울기가 상승하고 있다면 중기 자금의 방향은 위를 향하고 있다. 이 선이 하락으로 기울고 있다면, 아무리 매력적인 단기신호가 나와도 무시하거나 극도로 보수적으로 접근해야 한다.

추가 확인 도구로 주봉 MACD 히스토그램을 활용한다. 히스토그램의 막대가 점점 길어지고 있다면 추세의 에너지가 강화되고 있다는 뜻이다. 히스토그램이 0선 위에서 상승하는 동시에 20주선이 우상향하고 있다면, 조류는 밀물이다. 밀물일 때만 매수 후보로 삼는다. 썰물에서 수영하려는 시도는 하지 않는다.

제1스크린의 원칙을 정리하면 이렇다.

① 주가가 20주 이동평균선 위에 있는가.
② 20주선의 기울기가 상승하고 있는가.
③ 주봉 MACD 히스토그램이 상승(또는 0선 위)인가.

세 가지 모두 '예'일 때만 다음 스크린으로 넘어간다. 하나라도 '아니오'라면 이 종목은 지금 매수 대상이 아니다. 선정의 엄격함이 결과의 차이를 만든다.

제1스크린에서 가장 흔한 실수는 '조류는 하락인데 파도가 좋아 보여서' 들어가는 것이다. 주봉이 하락 추세인데 일봉에서 강한 양봉이 나왔다고 매수하면, 하락 추세 안의 기술적 반등에 올라탄 꼴이 된다. 장기 상승 추세 안의 조정과 장기 하락 추세 안의 반등은 형태가 비슷하지만 확률 구조는 전혀 다르다.

상승 추세에서 가장 좋은 자리는 '잠시 빠지는 순간'이다

첫 번째 스크린에서 조류가 밀물임을 확인했다. 그렇다면 바로 들어가면 되는가. 아니다. 상승 추세라고 해서 아무 자리에서나 매수하면 단기 고점에 물린다. 두 번째 스크린의 역할은 밀물 안에서 일시적으로 빠지는 파도, 즉 조정 구간을 찾는 것이다.

이것이 직관적으로는 모순처럼 느껴질 수 있다. 상승 추세라면서 왜 하락하는 순간을 기다려야 하는가. 이유는 명확하다. 가격은 평균 회귀 본능을 가지고 있다. 지속적인 상승은 필연적으로 과열을 부르고, 일시적인 되돌림이 발생할 때 진입해야 손익비가 유리한 자리를 선점할 수 있다. 파도가 밀려왔다가 잠시 빠지는 순간, 그 자리가 다음 파도를 탈 수 있는 최적의 위치다.

에너지가 응축되는 자리를 찾기 위해 일봉에서 오실레이터를 활용한다. 대표적으로 스토캐스틱과 이격도를 사용한다.

스토캐스틱 활용법. 상승 추세가 유지되는 상태에서 스토캐스틱이 과매도권(30 이하)에 진입하면 주시한다. 이후 %K선이 %D선을 아래에서 위로 돌파하며 올라오는 순간이 에너지가 재점화되는 신호다. 조류가 밀물인 상태에서 파도가 잠시 빠졌다가 다시 올라오기 시작하는 지점이다.

이격도 활용법. 20일 이동평균선 대비 이격도가 과도하게 벌어졌다가 다시 좁혀지는 구간을 찾는다. 상승 추세에서 주가가 20일선까지 되돌아왔다면, 이는 중기 평균 단가에 가격이 수렴한 것이다. 여기서 반등이 나오면 추세 지속의 확률이 높아진다.

특히 주가는 하락하는데 오실레이터는 저점을 높여가는 강세 다이버전스가 일봉에서 발생하면 신뢰도는 한 단계 더 올라간다. 가격의 하락 에너지는 소진되고 있지만 표면적으로는 아직 조정이 이어지는 것처럼 보이는 구간. 이 괴리가 반전의 에너지를 응축한다.

제2스크린의 원칙을 정리하면 이렇다.

① 일봉에서 조정이 진행 중인가. (주봉 추세와 반대 방향의 움직임)

② 스토캐스틱이 과매도권(30 이하)에 진입했는가.

③ 이격도가 20일선 부근까지 수렴했는가.

④ 강세 다이버전스가 관찰되는가. (추가 확인)

①~③이 충족되면 진입 대기 상태로 전환한다. 여기까지가 '기다림'의 영역이다. 낚싯대를 드리웠다면, 찌가 움직일 때까지 기다려야한다. 성급하게 채면 빈 낚시가 올라온다.

조류가 밀물이고, 파도가 잠시 빠졌다가 다시 올라오기 시작했다. 이제 실제로 올라타야 한다. 세 번째 스크린은 분봉(1시간봉 또는 15분봉)에서 구체적인 진입 트리거를 당기는 단계다. 거시적 흐름과 미시적 움직임이 동기화되는 찰나를 포착하는 것이 이 스크린의 목적이다. 이때 하이킨아시로 설정한 차트를 보는 것이 추세를 통해 주가의 움직임을 확인하기 위한 좋은 도구이다.

진입을 확정짓는 신호는 두 가지다.

첫째, 거래량이 동반된 돌파. 분봉에서 직전 고점을 넘어서는 순간 거래량이 평균 대비 유의미하게 증가한다면, 이는 단기 조정이 끝나고 다시 상위 추세 방향으로 자금이 유입되기 시작했다는 신호다. 앞서 거래량 편에서 강조했듯, 거래량 없는 돌파는 거짓말이다. 진짜 돌파에는 반드시 에너지가 동반된다.

둘째, 단기 이동평균선의 방향 전환. 1시간봉에서 5일선과 10일선이 하락에서 횡보, 횡보에서 상승으로 기울기가 바뀌는 순간. 또는 MACD가 0선 아래에서 골든크로스를 형성하며 위로 올라오는 순간. 이는 하락하던 단기 추세가 멈추고 다시 상위 추세 방향으로 고개를 드는 것을 의미한다.

이 두 신호 중 하나라도 확인되면 진입을 실행한다. 동시에 손절 기준도 확정한다. 제2스크린에서 확인한 조정의 저점이 손절의 기준선이 된다. 이 저점을 종가 기준으로 이탈하면 시나리오가 무효화된 것이므로 정리한다.

제3스크린의 원칙을 정리하면 이렇다.

① 분봉에서 직전 고점을 돌파하며 거래량이 증가했는가.
② 단기 이동평균선의 기울기가 상승으로 전환되었는가.
③ 진입과 동시에 손절 기준(제2스크린 조정 저점)을 설정했는가.

세 번째 스크린까지 완료되면, 세 가지 시간대가 모두 같은 방향을 가리키는 상태가 된다. 주봉의 조류는 밀물이고, 일봉의 파도는 조정을 마치고 반등하기 시작했으며, 분봉의 잔물결이 돌파를 확인했다. 이 동기화의 순간이 확률적 우위가 가장 높은 진입 타이밍이다.

주봉이 밀물이고, 일봉이 반등하고,

분봉에서 거래량이 터졌다면 - 그 자리다

이론을 실전으로 연결해보자. 이동평균선 편에서 다룬 한미반도체 사례를 삼중 스크린의 관점으로 다시 읽어본다.

• 한미반도체: 정배열 위의 눌림목 완성

한미반도체는 반도체 후공정 장비 분야에서 HBM 수요 확대 국면의 수혜를 받은 종목이다. 삼중 스크린의 관점에서 읽으면 다음과 같다.

제1스크린(주봉). 20주선이 뚜렷한 상승 기울기를 유지하며 주봉 MACD 히스토그램이 0신 위에서 확대되고 있었다. 조류는 강한 밀물이었다. 기본적 분석에서도 ROE와 순이익률이 구조적으로 개선되고 있음이 확인된 상태였다.

제2스크린(일봉). 강한 상승 이후 일봉에서 조정이 진행되며 20일선 부근까지 되돌림이 나타났다. 이격도가 수렴하고 스토캐스틱이 과매도권에 접근했다. 상승 추세 안의 건강한 조정, 즉 파도가 잠시 빠지는 구간이었다.

한미반도체 주봉

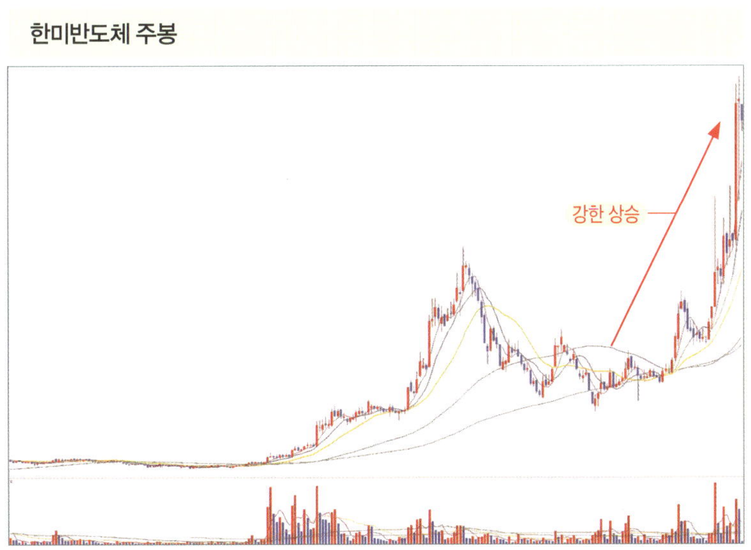

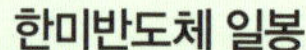

한미반도체 일봉

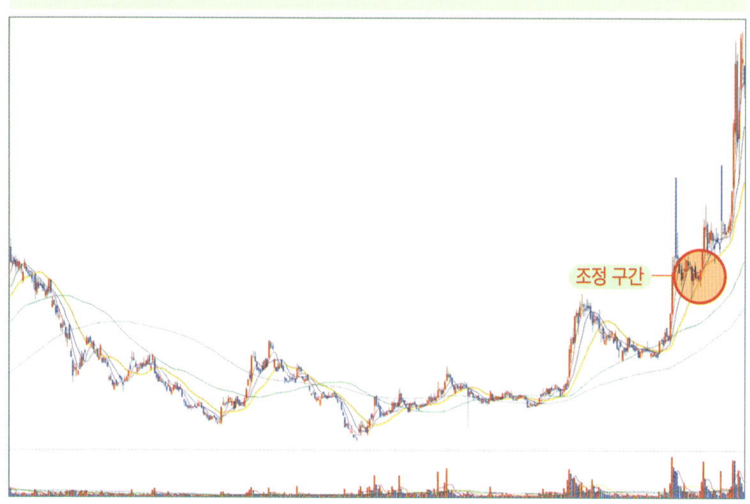

한미반도체 60분봉

제3스크린(1시간봉). 20일선 지지를 확인한 후 분봉에서 거래량이 폭증하며 전고점을 돌파하는 장대 양봉이 출현했다. 잔물결이 상위 추세 방향으로 가속을 시작한 것이다.

한미반도체 사례에서 알 수 있듯이 '주봉이 정배열된 상태에서 일봉의 눌림목이 완성되고, 분봉에서 거래량이 터지는 순간'이 진입 타이밍이었다는 점이다. 이것이 농기화다. 한 가시 시간내의 신호가 아니라, 세 가지 시간대의 합의가 만들어낸 타이밍이다.

> "확률은 인내심의 보상이다."
>
> - 알렉산더 엘더 -

시간대 하나를 건너뛴 매매는, 테스트를 생략한 채 출시한 제품과 같다

소프트웨어 품질 관리(QA)에서 제품을 출시하기 전에 반드시 통과해야 하는 테스트 관문이 있다. 단위 테스트, 통합 테스트, 시스템 테스트. 하나의 관문이라도 통과하지 못하면 제품은 출시되지 않는다. 결함이 있는 상태로 출시된 제품은 시장에서 반드시 문제를 일으킨다.

매매도 동일한 구조다. 제1스크린(상위 추세 확인)은 시스템 테스트다. 전체 구조가 유효한지를 검증한다. 제2스크린(중간 조정 확인)은 통합 테스트다. 개별 요소가 전체 구조와 정합하는지를 확인한다. 제3스크린(진입 트리거)은 단위 테스트다. 실행의 구체적 조건이 충족되었는지를 점검한다.

세 가지 시간대가 동기화되지 않은 상태에서의 진입은 설계 결함이 있는 매매다. 주봉의 추세를 확인하지 않고 일봉의 양봉만 보고 들어가는 것은 시스템 테스트를 건너뛴 것이다. 일봉의 조정 완료를 확인하지 않고 분봉의 돌파만 보고 들어가는 것은 통합 테스트를 생략한 것이다. 설계 결함이 있는 매매는 설령 수익이 나더라도 반복할 수 없다. 반복할 수 없는 수익은 운이다. 반복할 수 있는 수익만이 실력이다.

차트를 켜면 이 순서대로 확인하라

차트를 켜고 바로 적용할 수 있는 단계별 프로세스다. 스윙 트레이더 기준으로 '주봉-일봉-1시간봉'의 조합을 사용한다. 시간대 간의 비율은 약 5배수가 이상적이다. 한 주는 5거래일이고, 하루는 약 5~6시간의 거래 시간으로 구성되기 때문이다.

[Step 1] 주봉 차트를 연다. 20주 이동평균선의 기울기를 확인한다. 상승하고 있는가? MACD 히스토그램은 양(+)인가? 모두 '예'라면 다음 단계로 넘어간다. 하나라도 '아니오'면 이 종목은 오늘의 대상이 아니다. 닫는다.

[Step 2] 일봉 차트로 전환한다. 현재 조정 구간인가? 스토캐스틱이 과매도권(30 이하)에 진입했거나 접근하고 있는가? 주가가 20일선 부근까지 되돌려 왔는가? 조정이 진행 중이라면 '대기' 상태로

전환한다. 조정이 아직 시작되지 않았다면 기다린다.

[Step 3] 대기 상태에서 스토캐스틱의 %K가 %D를 아래에서 위로 돌파하는 순간을 기다린다. 이것이 '파도가 다시 올라오기 시작한다'는 신호다. 이 신호가 나오면 1시간봉으로 전환한다.

[Step 4] 1시간봉에서 구체적 진입 타이밍을 잡는다. 직전 고점 돌파와 거래량 증가가 동시에 나타나는가? 단기 이동평균선의 기울기가 상승으로 전환되었는가? 이 조건이 충족되면 진입한다.

[Step 5] 진입과 동시에 손절 기준을 설정한다. 일봉 조정 구간의 저점이 기준선이다. 이 저점을 종가 기준으로 이탈하면 시나리오가 무효화된 것이므로 정리한다. 손절은 선택이 아니라 전제다.

이 5단계는 복잡해 보이지만, 핵심은 단 하나다. 상위 시간대에서 방향을 확인하고, 중간 시간대에서 에너지가 응축되는 자리를 찾고, 하위 시간대에서 그 에너지가 다시 폭발하는 순간에 올라탄다. 방향, 응축, 폭발. 이 세 단어가 다중 시간대 분석의 전부다.

세 개의 시간대가 동시에 고개를 끄덕일 때, 비로소 들어간다

많은 트레이더가 기술적 분석을 통해 '미래를 맞히려'한다. 그러나 기술적 분석의 본질은 예측이 아니라 확인이다. 이미 형성된 추세를

확인하고, 그 추세가 유지되고 있는 구간에서 진입 조건이 갖춰졌는
지를 확인하고, 진입 이후에도 조건이 유지되고 있는지를 확인하는 것
이다.

다중 시간대 분석은 이 확인의 정밀도를 극대화하는 방법이다. 한
가지 시간대의 확인은 오류가 있을 수 있다. 그러나 세 가지 시간대가
동시에 같은 방향을 확인할 때, 그 오류의 확률은 기하급수적으로 줄
어든다. 이것이 컨플루언스(합류)의 힘이다.

방향은 맞았는데 타이밍이 틀렸다는 고백은, 실은 시간대의 계층 구
조를 무시한 진입이었다는 고백이다. 조류를 읽고, 파도를 기다리고,
잔물결에서 올라탈 때, 방향과 타이밍은 비로소 하나가 된다.

제5장

재료적 분석: 뉴스는 죄가 없다, 해석이 문제일 뿐

당신이 뉴스에 팔고 나면 오르는 이유

재료는 시장의 기대와 현실 사이의 간극이다

누구나 한 번쯤 이런 경험이 있을 것이다. 호재 뉴스가 터졌다. 대형 수주 공시, 정부 정책 발표, 실적 서프라이즈. 뉴스를 보고 매수했다. 그런데 주가는 이미 고점이었다. 다음날부터 내리기 시작했다. 버티다 버티다 -10%에서 손절했다. 며칠 뒤, 같은 종목이 다시 올라가기 시작한다. 뉴스는 그때도 비슷했다. 달라진 건 내 계좌뿐이다.

반대 경험도 있다. 악재 뉴스가 나왔다. 실적 하락, 소송 리스크, 업황 둔화 전망. 불안해서 팔았다. 그런데 주가는 악재를 무시하고 올라갔다. "시장이 이상하다"고 느꼈다.

시장이 이상한 것이 아니다. 뉴스를 읽는 방법이 틀린 것이다.

호재에 사서 호재에 물리고, 악재에 팔았는데 올라가는 이 역설은 뉴스 자체의 문제가 아니다. 뉴스의 질적 차이를 구분하지 못한 것이 문제다. 같은 호재라도, 시장이 이미 소화한 호재와 아직 소화하지 못한 호재는 주가에 미치는 영향이 완전히 다르다. 같은 악재라도, 일회성 악재와 구조적 악재는 추세에 미치는 무게가 다르다.

이 차이를 구분하는 능력이 재료적 분석이다.

앞 장에서 우리는 기본적 분석으로 종목의 '자격'을 확인하고, 기술적 분석으로 진입의 '시점'을 확인하는 법을 배웠다. 재무제표가 체력이고, 차트가 출발 신호라면, 재료는 무엇인가.

재료는 연료다. 차트라는 엔진을 돌리는 힘 자체다.

엔진이 아무리 좋아도 연료가 없으면 움직이지 않는다. 차트가 아무리 좋은 신호를 보내도 그 움직임을 만들어낸 재료가 부실하면 추세는 이어지지 않는다. 반대로 강력한 재료가 있는데 아직 차트에 반영되지 않았다면, 그곳이 기회다.

차트는 결과다. 원인은 재료에 있다. 차트를 읽기 전에 그 차트를 만들어낸 원인을 먼저 이해해야 한다. 이것이 재료적 분석의 출발점이다.

추세는 '계기' 없이 태어나지 않는다

모든 상승에는 시작된 이유가 있다

차트를 펼쳐서 지난 2~3년간의 대장주들을 돌이켜 보라. 에코프로, SK하이닉스, 한화에어로스페이스, HD현대중공업. 이 종목들의 공통점이 있다. 주가가 본격적으로 움직이기 시작한 시점에는 반드시 '계기'가 있었다는 것이다.

에코프로는 2차전지 산업의 폭발적 성장 기대감이 계기였다. 미국 IRA(인플레이션 감축법) 통과, 전기차 보급 가속, 양극재 수요 폭증 전망. 이 재료들이 겹치면서 주가는 10배 넘게 올랐다. SK하이닉스는 AI 서버 수요 폭발과 HBM이라는 구조적 재료가 계기였다. 한화에어로스페이스는 글로벌 방위비 증액과 K-방산 수출이라는 시대적 흐름이 계기였다. 어느 것 하나 아무 이유 없이 올라간 것이 없다.

추세는 계기 없이 태어나지 않는다. 차트에서 상승추세가 시작되는 지점을 찾아 그 시점의 뉴스를 확인해 보라. 반드시 무언가가 있다. 정책 변화, 산업 구조의 전환, 글로벌 공급망 재편, 기술적 혁신. 이런 거대한 재료가 자금을 끌어들이고, 그 자금이 차트에 흔적을 남긴다.

기술적 분석만 하는 트레이더는 차트에서 '결과'를 본다. 재료적 분석까지 하는 트레이더는 차트 뒤에 숨은 '원인'을 본다. 원인을 아는 사람은 그 추세가 얼마나 이어질 수 있는지를 가늠할 수 있다. 결과만 보는 사람은 추세가 끝물인지, 초입인지를 구분할 수 없다.

재료의 크기가 추세의 크기를 결정한다

모든 뉴스가 추세를 만드는 것은 아니다. 대부분의 뉴스는 하루짜리 소음으로 끝난다. 단기 수급을 흔들 수는 있지만, 지속적인 추세를 만들어내지는 못한다.

추세를 만드는 재료에는 공통된 특징이 있다. 그 재료가 기업 하나의 이야기가 아니라, 산업 전체의 방향을 바꾸는 이야기라는 것이다.

2023년 AI 열풍을 다시 떠올려 보자. 챗GPT의 등장은 단순히 오픈AI라는 회사의 이야기가 아니었다. AI 서버 수요가 폭발하면서, 반도체 → 전력 인프라 → 냉각 장비 → 데이터센터 → 전력 케이블에 이르는 거대한 공급망 전체가 움직이기 시작했다. 하나의 재료가 하나의 종목이 아니라, 수십 개의 종목을 동시에 움직인 것이다.

이것이 구조적 재료다. 구조적 재료는 한 줄짜리 뉴스로 끝나지 않는다. 산업의 지형을 바꾸고, 자금의 흐름을 바꾸고, 수개월에서 수년에 걸쳐 추세를 만들어낸다. 반면, 단발성 재료는 하루 급등, 이틀 되돌림으로 끝난다.

트레이더가 재료를 볼 때 가장 먼저 던져야 할 질문은 이것이다.

"이 뉴스는 한 줄짜리 테마인가, 거대한 시대의 흐름인가."

이 질문에 답할 수 있을 때, 뉴스는 소음이 아니라 나침반이 된다.

뉴스를 소비하는 자와 구조를 설계하는 자

대부분의 투자자는 뉴스의 '소비자'다

뉴스가 나오면 대부분의 투자자는 이렇게 행동한다. 뉴스를 읽는다. "좋은 소식이네." 해당 종목을 검색한다. 차트를 본다. 이미 올라 있다. "아직 더 오를 수 있지 않을까." 매수한다.

이것은 뉴스를 단순히 '소비'한 것이다. 뉴스가 시키는 대로 움직이는 것으로, 이 패턴에서 투자자는 항상 뉴스보다 늦다. 뉴스가 발표되는 시점에 주가는 이미 움직인 뒤이기 때문이다. 정보가 공개되는 순간 그 정보의 가치는 급격히 감소한다. 모두가 아는 정보는 더 이상 우위가 아니다.

뉴스를 소비하는 투자자는 영원히 한 발 늦는다. 호재에 사고, 호재가 식으면 물리고, 악재에 던지고, 악재가 소화되면 후회한다. 이 순환의 근본 원인은 뉴스를 '있는 그대로' 받아들이기 때문이다.

살아남는 트레이더는 뉴스 뒤에 '구조'를 설계한다

반면 재료적 분석을 할 줄 아는 트레이더는 다르게 접근한다. 뉴스를 읽은 뒤, 그 뉴스 자체에 반응하지 않는다. 대신 묻는다.

"이 뉴스가 만들어내는 자금의 흐름은 어디까지 이어지는가."
"이 재료는 일회성인가, 반복될 수 있는 구조인가."

"시장이 이 뉴스를 이미 얼마나 반영했는가."

"이 뉴스의 수혜가 지금 보이는 기업 말고, 아직 시장이 인식하지 못한 곳은 어디인가."

이 질문들을 거치면 같은 뉴스에서 완전히 다른 행동이 나온다. 뉴스 소비자는 에코프로를 고점에서 추격 매수했지만, 구조를 읽는 트레이더는 에코프로가 올라가기 한참 전에 양극재 산업의 성장 구조를 파악하고 진입해있었다. 혹은 에코프로 대신 아직 시장이 주목하지 않은 2차전지 소재 기업을 선점해있었다.

2024년 AI 반도체 국면에서도 같은 패턴이 반복됐다. 뉴스 소비자들은 엔비디아 실적 발표 직후에 반도체주를 샀다. 구조를 읽는 트레이더는 AI 서버 전력 소비 급증이라는 재료에서 전력 인프라·변압기·냉각 장비 기업으로 시선을 확장했다. 뉴스의 '점'에서 산업의 '선'을 그려낸 것이다.

뉴스를 소비하면 항상 늦는다. 구조를 설계하면 앞설 수 있다. 재료적 분석의 핵심은 뉴스를 '읽는' 것이 아니라, 뉴스 뒤에 숨은 자금의 이동 경로를 '그리는' 것이다.

소음 속에서 진짜 신호를 찾아내는 법

재료를 걸러내는 네 가지 필터

시장에는 매일 수백 개의 뉴스가 쏟아진다. 기업 공시, 정부 정책, 해외 시장 동향, 증권사 리포트, SNS의 루머까지. 이 모든 것이 한꺼번에 밀려들면, 무엇이 중요하고 무엇이 소음인지 구분이 안 된다. 모든 뉴스가 다 중요해 보이기도 하고, 모든 뉴스가 다 소음처럼 보이기도 한다.

재료적 분석의 실전 능력은 이 구분에서 갈린다. 수백 개의 뉴스 중에서 실제로 추세를 만들어낼 수 있는 재료를 골라내는 것. 나머지는 무시하는 것. 이것이 소음 속에서 신호를 찾아내는 일이다.

이 장 이후, 우리는 이 능력을 단계적으로 쌓아갈 것이다. 앞으로 다룰 내용은 다음과 같다.

- 첫째, 재료의 지속성을 판단하는 법. "이 뉴스는 한 줄짜리 테마인가, 산업의 방향을 바꾸는 거대한 흐름인가." 단발성 뉴스와 구조적 변화를 구분하는 기준을 세운다. 에코프로의 2차전지 열풍이 왜 수개월의 추세를 만들었는지, 그리고 왜 결국 꺾였는지를 이 틀로 분석한다.
- 둘째, 시장 환경에 따른 재료의 무게 차이. 같은 호재라도, 상승장에서의 호재와 하락장에서의 호재는 주가에 미치는 영향이 완전히 다르다. 시장 전체의 분위기가 재료의 파괴력을 증폭시키기도 하고, 완전히 무력화시키기도 한다. 지수 환경에 따라 재료의 반응

도가 어떻게 달라지는지를 구체적 사례와 함께 분석한다.

- 셋째, 선반영의 논리를 이해하는 법. "뉴스에 팔아라"는 격언이 왜 어떤 때는 맞고 어떤 때는 틀리는가. 시장의 기대감이 주가에 미리 녹아드는 과정을 이해하면, 뉴스가 발표되는 시점에 사야 할지, 팔아야 할지, 관망해야 할지를 판단할 수 있다. 기대감의 크기와 실제 결과 사이의 간극이 만들어내는 기회와 함정을 파헤친다.

- 넷째, 재료의 전이를 추적하는 법. 하나의 뉴스는 하나의 종목에서 끝나지 않는다. A 산업의 재료가 B 산업의 수혜로 이어지고, B 산업의 수혜가 C 종목의 추세를 만드는 구조가 있다. 점을 선으로 잇는 이 능력이 재료적 분석의 최종 단계다. AI 서버 수요 → 전력 소비 급증 → 변압기·전력 케이블 수혜로 이어지는 2024년의 사례가 교과서적인 예시다.

이 네 가지 필터를 갖추면, 매일 쏟아지는 수백 개의 뉴스 중에서 진짜 추세를 만들어낼 수 있는 재료만 골라낼 수 있다. 나머지는 버린다. 소음은 무시하고, 신호만 취한다. 이것이 재료적 분석의 실전 능력이다.

숫자가 깔리고 재료가 터질 때, 차트는 비로소 완성된다

세 가지 축이 겹치는 순간, 확률이 만들어진다

이 책의 분석 체계를 한 문장으로 정리하면 이렇다.

재무가 자격을 증명하고, 재료가 동력을 제공하고, 차트가 출발을 승인한다.

기본적 분석은 "이 기업이 올라갈 자격이 있는가"를 확인하는 과정이다. 재료적 분석은 "이 기업을 올려줄 힘이 존재하는가"를 확인하는 과정이다. 기술적 분석은 "지금이 그 시점인가"를 확인하는 과정이다.

이 세 가지가 순서대로 확인되었을 때, 비로소 매매가 완성된다.

재무만 좋고 재료가 없으면 좋은 기업이지만 움직이지 않는 기업이 된다. 주가는 실적이 좋다고 저절로 오르지 않는다. 시장이 그 실적을 '발견'하게 만드는 계기, 즉 재료가 있어야 자금이 모인다.

재료만 있고 재무가 부실하면 뉴스에 잠깐 올랐다가 실적의 현실 앞에 무너지는 테마주가 된다. 2023년 수많은 2차전지 관련 중소형주가 이 패턴을 보여줬다. 테마에 올라탔지만 실적이 뒷받침되지 않는 기업은 열풍이 식는 순간 원점으로 돌아갔다.

차트 신호만 보고 재료를 무시하면 왜 올라가는지 모르는 상태에서 매수하게 된다. 올라가는 이유를 모르면 내려갈 때도 이유를 모른다. 이유를 모르는 상태에서의 매매는 대응이 아니라 반응이다.

숫자가 깔리고, 재료가 터지고, 차트가 승인할 때. 이 세 가지가 겹치는 순간이 가장 확률이 높은 매매의 자리다.

앞 장에서 우리는 숫자(재무)와 차트(기술)를 배웠다. 이 장부터 우리는 재료를 읽는 법을 배운다. 뉴스를 소비하지 않고, 뉴스 뒤의 구조를 읽어내는 법. 소음을 걸러내고, 추세를 만들어낼 진짜 신호만 골라내는 법. 이 능력이 갖춰질 때, 당신의 분석은 비로소 세 개의 축이 모두 맞물린 완전한 형태가 된다.

뉴스는 죄가 없다. 해석이 문제일 뿐이다. 같은 뉴스를 보고도 누군가는 돈을 벌고, 누군가는 돈을 잃는다. 그 차이는 정보의 양이 아니라, 해석의 깊이에서 갈린다.

재무는 자격을 묻고,

재료는 이유를 묻고,

차트는 시점을 묻는다.

세 가지 질문에 모두 답이 나올 때, 그것이 매매다.

"시장은 3차원적이다.
한 가지 시간대만 보는 것은
눈을 가리고 코끼리를 만지는 것과 같다."

- 알렉산더 엘더 -

PART 3

승리의 완성

수익을 '지키는 구조'를 만드는 법

제1장

투자 심리: 감정이 아니라 구조가 매매한다

분석은 지식이 완성하고, 수익은 절제가 완성한다

아는 것과 하는 것 사이, 무너지는 순간

이 책을 여기까지 읽은 당신은 이미 대부분의 개인 투자자보다 많이 알고 있다.

탑다운 사고의 구조를 이해했다. 기본적 분석으로 종목의 자격을 검증하는 법을 배웠다. 기술적 분석으로 진입의 타이밍을 확인하는 법도 익혔다. 재료적 분석으로 추세의 동력을 파악하는 법까지 다뤘다. 분석의 세 축이 모두 갖춰졌다.

그런데 문제가 있다. 아는 것과 실행하는 것은 전혀 다른 영역이다.

손절해야 하는 자리를 머리로는 안다. 그런데 손이 움직이지 않는다. 관망해야 하는 구간을 머리로는 안다. 그런데 손가락이 매수 버튼 위를 맴돈다. 익절해야 하는 시점을 머리로는 안다. 그런데 "조금만 더"

라는 속삭임이 기준을 무너뜨린다.

본능을 이기는 구조를 만들어라

분석은 지식이 완성한다. 그러나 수익은 절제가 완성한다. 좋은 자리에서 사는 것은 분석의 영역이다. 그 자리에서 기준대로 실행하고, 아닐 때 쉬고, 정해진 시점에 빠져나오는 것은 심리의 영역이다. 그리고 대부분의 투자자가 돈을 잃는 이유는 분석이 부족해서가 아니라 심리가 분석을 배반하기 때문이다.

왜 그런가. 인간의 뇌가 그렇게 설계되어 있기 때문이다.

수십만 년 동안 인류의 뇌는 '위험을 피하고, 보상을 즉시 취하라'는 명령에 최적화되어 왔다. 초원에서 맹수를 만나면 도망치고, 먹을 것을 발견하면 당장 먹는 것이 생존에 유리했다. 이 본능은 주식시장에서 정확히 반대로 작동한다.

주가가 떨어지면 즉시 도망치고 싶어진다. 손절해야 할 때가 아닌데도. 주가가 올라가면 즉시 수확하고 싶어진다. 더 올라갈 수 있는데도. 손실을 참지 못하고 너무 빨리 끊거나, 수익을 참지 못하고 너무 빨리 실현하거나, 아무것도 안 하면 불안해서 무엇이라도 하려 한다.

시장에서 본능은 적이다. 이 적을 이기는 방법은 의지력이 아니다. 구조다. 의지는 흔들리지만, 구조는 흔들리지 않는다. 이 장에서 다루는 것은 바로 이것이다. 본능을 거스르는 구조를 어떻게 만들 것인가.

관망하는 용기:
아무것도 하지 않을 때 계좌는 가장 안전하다

매매하지 않으면 불안한 이유

대부분의 개인투자자에게 가장 견디기 어려운 것은 손실이 아니다. 아무것도 하지 않는 것이다.

시장이 열려 있는데 매매를 하지 않으면, 무언가를 놓치고 있다는 느낌이 든다. 다른 종목이 올라가는 것이 보이면 조바심이 난다. "나만 빠져 있는 것 아닌가." "지금 안 사면 영원히 못 사는 거 아닌가." 이 감정이 밀려온다. 결국 기준도 없이 아무 종목이나 사게 된다.

이것은 당신만의 문제가 아니다. 뇌가 그렇게 작동하기 때문이다. 심리학에서는 이것을 '행동 편향'이라고 부른다. 불확실한 상황에서 인간은 가만히 있는 것보다 무엇이라도 하는 것을 선호한다. 축구 골키퍼가 패널티킥 때 한쪽으로 뛰어드는 것과 같다. 통계적으로는 가운데 서 있는 것이 막을 확률이 가장 높은데, 그래도 뛰어든다. 아무것도 안 하고 골을 먹으면 후회가 더 크기 때문이다.

주식시장에서도 같다. 관망하다가 놓치면 후회가 크지만, 매매해서 잃으면 "최소한 시도는 했다"고 자기합리화할 수 있다. 이 합리화가 불필요한 매매를 반복하게 만든다.

관망은 소극적 행위가 아니다:
자산을 지키는 적극적 선택이다

관망을 '아무것도 안 하는 것'으로 이해하면 안 된다. 관망은 매매의 한 형태다. "지금은 내가 나설 자리가 아니다"라는 판단하에, 의식적으로 행동하지 않기로 결정하는 것이다.

관망하는 동안 당신의 계좌는 가장 안전하다. 매매를 하지 않으면 수수료가 나가지 않는다. 잘못된 판단으로 손실이 발생할 일이 없다. 감정적 매매로 계좌가 훼손될 위험이 제로다. 관망은 수익을 만들지는 못하지만, 자본을 지킨다. 그리고 자본이 살아 있어야 다음 기회에 올라탈 수 있다.

앞서 다뤘던 고급 트레이더의 특징을 기억하는가. 그들은 대부분의 시간을 관망에 쓴다. 차트를 보지만 클릭하지 않는다. 뉴스를 읽지만 반응하지 않는다. 자신의 조건에 완벽히 부합하는 자리가 올 때까지 기다린다.

이것은 게으른 것이 아니다. 집중력을 보전하는 것이다. 장거리 마라톤 선수가 초반에 전력 질주하지 않는 것과 같다. 체력을 아끼는 구간이 있어야, 결정적 구간에서 전력을 쏟을 수 있다.

관망의 기준을 만들어라: "모르겠으면 쉰다"

관망이 어려운 이유는 기준이 없기 때문이다. 언제 매매하고 언제 쉬어야 하는지 규칙이 없으면, 매 순간이 고민이 된다. 고민이 길어지면 결국 감정이 결정한다.

해결책은 단순하다. 관망의 기준을 미리 정해 놓는 것이다.

시장의 방향이 불분명할 때는 쉰다. 탑다운의 1층(거시 환경)에서 방향이 읽히지 않으면, 아래층으로 내려가지 않는다.

주도 영역이 뚜렷하지 않을 때는 쉰다. 자금이 어디로 몰리는지 확인이 안 되면, 종목을 논하지 않는다.

내 조건에 맞는 종목이 없으면 쉰다. 세 가지 축(재무·차트·재료)을 모두 통과하는 종목이 없으면, 억지로 찾지 않는다.

연속 손실이 나면 쉰다. 2~3회 연속 손절이 발생하면, 내 판단이 아니라 시장 환경이 맞지 않는 것이다. 쉬면서 리셋한다.

이 규칙들은 대단해 보이지 않는다. 그런데 지키기는 극도로 어렵다. "쉬어야 할 때 쉬는 것"은 본능에 정면으로 반하는 행동이기 때문이다. 그래서 규칙으로 만들어야한다. 감정이 아닌 규칙이 결정하게 해야 한다.

"모르겠으면 쉰다."

이 한 문장이 당신의 계좌를 가장 많이 지켜줄 것이다.

매매 중에는 생각하지 마라:
시스템이 감정을 앞서야하는 이유

매수 버튼을 누르기 직전, 당신의 머릿속에서 무슨 일이 벌어지는지 생각해 본 적이 있는가.

"진짜 사도 되나?" "더 기다릴까?" "지금 안 사면 놓치는 거 아닌가?" "손절선은 어디로 잡지?" "얼마나 살까?" 수십 가지 생각이 동시에 밀려든다. 이 상태에서 내리는 결정은 분석의 결과가 아니다. 불안과 탐욕이 뒤섞인 감정의 결과다.

매매의 순간에 판단하면 반드시 흔들린다

매매의 순간에 판단하면 반드시 흔들린다. 이것은 경험의 부족 때문이 아니다. 인간의 뇌가 스트레스 상황에서 합리적 판단을 내리기 어렵도록 설계되어 있기 때문이다. 돈이 걸린 상태에서 실시간으로 움직이는 차트를 보고 있으면, 뇌는 '분석 모드'가 아니라 '경계 모드'로 전환된다. 이 상태에서 냉정한 매매를 기대하는 것 자체가 비현실적이다.

생각은 매매 전에 끝내야 한다

해결책은 간단하다. 매매의 순간에 생각하지 않으면 된다. 생각은 시장이 열리기 전에 끝내는 것이다.

장이 시작되기 전, 다음을 미리 결정해 놓는다.

오늘 매매할 종목은 무엇인가. 탑다운 프로세스를 거쳐 이미 선별되어 있어야 한다. 진입 조건은 무엇인가. "이 가격을 돌파하면 산다" 또는 "이 구간에서 눌림이 확인되면 산다." 조건이 구체적이어야 한다.

손절선은 어디인가. 진입과 동시에 손절 가격이 정해져있어야 한다.

매수 후에 손절선을 고민하는 것은 이미 늦었다.

목표 수익은 어디인가. 어디서 일부를 실현하고, 어디까지 보유할 것인지. 기준이 있어야 한다.

시장이 반대로 가면 어떻게 할 것인가. 하락 시나리오에서의 행동 계획이 미리 짜여 있어야 한다.

이 다섯 가지가 장이 시작되기 전에 모두 결정되어 있으면, 장중에 할 일은 단 하나다. 미리 정한 조건이 충족되는지 확인하고, 충족되면 실행하는 것. 그뿐이다. 생각할 필요가 없다. 이미 생각은 끝났기 때문이다.

이것이 시스템 매매다. 시스템이란 복잡한 알고리즘이 아니다. "이 조건이 오면 이렇게 한다"는 약속을 자기 자신과 사전에 맺어 놓은 것이다. 조건이 안 오면 아무것도 안 한다. 조건이 오면 실행한다. 이 두 가지뿐이다.

"내가 맞았다"를 내려놓는 것에서 시스템은 시작된다

시스템 매매를 방해하는 가장 강력한 적은 자존심이다.

손절선에 도달했다. 규칙대로라면 정리해야 한다. 그런데 내면의 목소리가 말한다. "여기서 반등할 수도 있잖아." "내 분석이 맞는데 시장이 아직 반영을 못 한 거야." "조금만 더 기다리면 돌아올 거야." 이 목소리에 넘어가는 순간, 시스템은 무너진다.

익절 기준에 도달했다. 규칙대로라면 일부를 실현해야 한다. 그런데 내면의 목소리가 말한다. "내가 골라낸 종목인데, 더 올라갈 수 있어."

"남들은 아직도 들고 있잖아." "이번만큼은 크게 가보자." 이 목소리에 넘어가면, 수익은 되돌아간다.

이 내면의 목소리는 본질적으로 "내가 맞았다"는 것을 증명하고 싶은 욕구에서 나온다. 손절은 "내가 틀렸다"를 인정하는 행위이기 때문에 거부하게 되고, 이절은 "이만하면 됐다"를 인정하는 행위이기 때문에 더 가져가려 한다.

시스템 매매는 이 욕구를 내려놓는 것에서 시작된다. "내가 맞느냐 틀리느냐"는 중요하지 않다. "규칙대로 실행했느냐 안 했느냐"만이 중요하다. 규칙대로 실행했는데 손실이 났다면, 그것은 실패가 아니라 비용이다. 트레이딩에서 손실은 사업의 원가와 같다. 원가 없는 사업은 없다.

규칙을 어기고 이익이 났다면, 그것은 성공이 아니라 나쁜 습관의 강화다. 이번에는 운 좋게 맞았지만, 다음에 규칙을 어길 때 더 큰 손실로 돌아온다. 시장은 규칙을 어긴 대가를 반드시 청구한다. 다만 즉시 청구하지 않을 뿐이다.

절차로서의 손절: 결심이 아니라 규칙으로 실행하라

손절이 어려운 이유를 대부분의 투자자는 '돈을 잃기 싫어서'라고 생각한다. 물론 그것도 맞다. 그러나 더 깊은 이유가 있다. "내가 분석해서, 내가 골라서, 내가 산 종목인데, 그게 틀렸다고 인정하는 것"이 고통스러운 것이다.

손절을 '결심'의 영역에 두면 영원히 실행할 수 없다. 결심은 감정의 영향을 받기 때문이다. 손절을 '절차'의 영역으로 옮겨야 한다.

방법은 이렇다. 매수 주문을 넣는 순간, 손절 주문도 동시에 넣는다. 매수와 손절은 하나의 세트다. 절대로 분리하지 않는다. 매수만 하고 손절을 나중에 정하겠다는 것은, 비상구를 확인하지 않고 건물에 들어가는 것과 같다.

손절 주문이 시스템에 걸려 있으면, 감정이 개입할 틈이 없다. 가격이 손절선에 닿으면 자동으로 체결된다. "더 기다려 봐"라고 망설일 시간조차 주지 않는다. 이것이 절차로서의 손절이다. 감정을 이기려 하지 마라. 감정이 개입하지 못하는 구조를 만들어라.

수익을 지키는 절제력: "조금만 더"가 수익을 되돌리는 가장 흔한 이유다

손절보다 더 어려운 것이 있다. 수익 중인 포지션을 기준대로 정리하는 것이다.

주가가 올라가고 있다. 수익이 쌓이고 있다. 기분이 좋다. 이때 뇌는 "더 올라갈 것이다"라는 기대를 자동으로 생성한다. 기존에 정해놓은 익절 기준은 어느새 잊혀진다. "조금만 더" "한 틱만 더" "오늘까지만 더." 이 말이 나오는 순간, 이미 기준은 무너졌다.

그리고 주가가 꺾이는 순간, 수익이 녹아내리는 속도는 쌓이는 속도보다 훨씬 빠르다. +15%였던 수익이 하루 만에 +5%가 되고, 이틀 만에 본전이 되고, 사흘 만에 -5%가 된다. 이때 뇌는 다시 말한다. "방금까지 +15%였는데, 여기서 정리할 수는 없어." 기준점이 바뀐 것이다. 이미 손실 구간인데, 뇌는 여전히 +15%를 기준으로 삼고 있다.

"조금만 더"는 수익을 되돌리는 가장 흔한 이유다. 이것을 막으려면, 익절 기준도 손절과 마찬가지로 사전에 결정해 놓아야 한다. 목표가에 도달하면 절반을 실현한다. 나머지는 추세가 유지되는 한 보유하되, 추세 이탈 신호가 나오면 즉시 정리한다. 이 규칙을 장 전에 정하고, 장 중에는 그대로 실행한다. 생각하지 않는다.

의지를 믿지 말고, 루틴에 맡겨라

흔들리는 의지 대신, 반복되는 구조로

이 장에서 다룬 내용을 정리하면 세 가지다.

첫째, 관망하는 용기. 내 자리가 아닐 때는 쉰다. 아무것도 하지 않는 것이 최선일 때가 있다.

둘째, 시스템 매매. 매매의 모든 조건을 사전에 결정하고, 장중에는 실행만 한다. 생각하지 않는다.

셋째, 자존심을 내려놓는 연습. 내가 맞느냐 틀리느냐는 중요하지 않다. 규칙대로 했느냐만 중요하다.

이 세 가지를 '알고' 있는 투자자는 많다. '실행하는' 투자자는 극소수다. 그 간극을 만드는 것이 의지력의 차이라고 생각하기 쉽다. 아니다. 의지력은 소모 자원이다. 하루에도 수십 번 결정을 내려야 하는 트레이딩에서, 의지력에 의존하면 반드시 바닥난다. 오전에는 기준을 지키다가, 오후에 지쳐서 감정에 무릎 꿇는 패턴은 의지력의 한계 때문이다.

의지를 믿지 마라. 루틴에 맡겨라.

루틴은 의지력을 소모하지 않는다. 양치를 할 때 의지력이 필요한가. 출근길에 신발을 신을 때 결심이 필요한가. 반복이 습관이 되면, 의지력 없이도 자동으로 실행된다. 매매도 같다. 장 전에 시장 방향을 확인하고, 주도 영역을 점검하고, 후보 종목의 진입 조건을 설정하고, 손절선과 익절 기준을 정하는 이 과정이 매일 반복되는 루틴이 되면, 더 이상 의지력이 필요하지 않다. 절차가 자동으로 돌아간다.

다음 장에서 우리는 이 루틴의 구체적인 형태를 만든다. 장 전에 무엇을 확인하고, 장중에 무엇을 모니터링하고, 장 후에 무엇을 복기하는가. 시간대별로 쪼개진 구체적인 행동 절차를 설계한다. 심리적 원칙이 이 장의 역할이었다면, 그 원칙을 실행 가능한 행동으로 변환하는 것이 다음 장의 역할이다.

아는 것을 실행으로 바꾸는 유일한 방법은 루틴이다. 의지는 흔들리고, 감정은 배반하고, 본능은 시장의 적이다. 그러나 루틴은 흔들리지 않는다. 루틴에 자신을 맡겨라. 그것이 시장에서 자유로워지는 가장 확실한 길이다.

의지는 흔들린다.
감정은 배반한다.
본능은 시장의 적이다.
그러나 루틴은 흔들리지 않는다.

제2장

트레이딩 루틴: 장 전·장중·장 후 활용 방법

"훌륭한 트레이더는 시장을 예측하지 않는다.
준비된 시나리오에 따라 반응할 뿐이다."

- 마크 미너비니 -

루틴은 숙제가 아니다. 확률적 우위를 선점하기 위한 필터링 프로세스다.

많은 트레이더가 실력의 차이를 '분석력'에서 찾는다. 더 좋은 지표를 쓰면, 더 정교한 패턴을 찾으면 수익이 나올 것이라고 믿는다. 그러나 실전에서 승패를 가르는 것은 분석의 깊이가 아니라, 분석을 매매로 연결하는 루틴의 일관성이다.

루틴의 뼈대는 탑다운 사고다. 시장 전체의 방향을 먼저 읽고, 자금이 몰리는 섹터를 확인하고, 그 안에서 조건을 갖춘 종목으로 좁혀 들어간다. 장 전에 판을 정하고, 장중에 타이밍을 확인하고, 장 후에 실행을 복기한다. 이 과정이 매일 반복될 때, 우연한 수익은 구조적 수익으로 전환된다.

　이 장에서 다루는 루틴은 단 하나의 원칙 위에 서 있다. 기본적 분석으로 전장을 정하고, 기술적 분석으로 타이밍을 잡고, 재료적 분석으로 촉매를 확인하는 3축 통합이 매일의 루틴 안에서 작동해야 한다는 것이다.

장 전: 오늘 싸울 전장을 정하라

> "주식 시장에는 매일 매매할 이유가 없다.
> 좋은 기회는 인내심 있게 기다리는 자에게 온다."
>
> - 제시 리버모어 -

반응하지 말고, 먼저 선택하라

　장 전 루틴의 목적은 하나다. 오늘 자금이 흐를 가능성이 가장 높은 전장을 정하는 것. 전장이 정해지지 않은 상태에서 장을 맞이하면, 시장이 보여주는 모든 움직임에 반응하게 된다. 급등 종목에 뛰어들고, 뉴스에 흔들리고, 계획 없는 매매가 반복된다. 장 전 30분의 준비가 장 중 6시간의 질을 결정한다.

❶ 거시 환경을 점검하고, 시장의 온도를 읽는다

　가장 먼저 해야 할 일은 시장 전체의 방향을 확인하는 것이다. 전일

미국 시장의 흐름, 금리와 환율의 변화, 유동성의 방향을 점검한다.

- 미국 3대 지수(S&P 500, 나스닥, 다우)는 전일 어떻게 마감했는가.
- 미 국채 금리(10년물)는 상승인가, 하락인가. 방향이 바뀌었는가.
- 달러 인덱스와 원/달러 환율의 방향은 어떤가.
- VIX(변동성 지수)는 안정적인가, 급등하고 있는가.
- 야간 선물 지수의 방향은 어디를 가리키고 있는가.

이 점검은 5분이면 충분하다. 깊은 분석이 필요한 것이 아니다. 지금 자금이 위험 자산을 향하고 있는지, 안전자산으로 이동하고 있는지를 판단하는 것이 핵심이다. 시장이 허용하지 않는 방향에서 아무리 좋은 종목을 골라봤자 흐름을 거스를 수 없다.

❷ 주도 섹터를 압축하고, 관심 종목을 리스트업한다

시장의 온도를 확인했다면, 다음은 자금이 집중되는 섹터를 찾는 단계다. 전일 거래대금 상위 업종, 기관·외국인 수급이 유입되는 섹터, 뉴스와 정책으로 기대감이 형성되고 있는 산업을 확인한다. 이때 앞서 배운 기본적 분석의 원칙이 작동한다. 산업이 성장 단계에 있는가. 실적이 숫자로 확인되고 있는가. 이 필터를 통과한 섹터만 전장의 후보가 된다.

섹터가 정해지면 그 안에서 관심 종목을 좁힌다. 기준은 명확하다.

- 20주 이동평균선 위에 있는가.

- 섹터 내에서 상대 강도가 가장 높은가.
- 거래대금이 지속적으로 유입되고 있는가.
- 전고점 돌파 구간 또는 건강한 눌림 구간에 있는가.

관심 종목은 3~5개면 충분하다. 10개가 넘으면 집중력이 분산된다. 리스트업한 종목마다 '진입 시나리오'를 미리 작성한다. 어떤 가격대에서, 어떤 조건이 충족되면 들어갈 것인지. 어디에서 손절할 것인지. 이 시나리오가 없으면 장중에는 감정이 판단을 대신한다.

장중: 시나리오를 실행하고, 추세 훼손을 판별하라

장중 루틴의 목적은 두 가지다. 첫째, 장 전에 세운 시나리오의 조건이 충족되는지를 확인하는 것. 둘째, 보유 중인 포지션의 추세가 훼손되고 있는지를 판별하는 것.

장중에 새로운 분석을 시작해서는 안 된다. 장 전에 판을 정하고 시나리오를 세웠다면, 장중에는 그 시나리오에 따라 반응할 뿐이다. 여기서 기술적 분석이 작동한다.

❸ 다중 시간대에서 방향의 일치를 확인한다

진입을 결정하기 전에 반드시 확인해야 할 것이 있다. 상위 시간 프레임의 추세와 하위 시간 프레임의 진입 신호가 같은 방향을 가리키고 있는가.

주봉에서 20주 이동평균선 위에 있고 상승 추세가 유지되는 종목이 일봉에서 조정을 마치고 양봉 선환을 보인다면, 상위 추세와 하위 타이밍이 일치하는 자리다. 이 상태에서 분봉 차트에서 거래량이 동반된 돌파가 나타나면 진입의 구체적 타이밍이 확정된다.

반대의 경우를 생각해보자. 주봉이 하락 추세인데 일봉에서 강한 양봉이 나왔다. 많은 트레이더가 이 양봉에 반응해 들어간다. 그러나 이것은 하락 추세 안의 기술적 반등일 가능성이 높다. 장기 상승 추세 안의 조정과 장기 하락 추세 안의 반등은 형태가 비슷해 보여도 확률 구조가 전혀 다르다. 상위 프레임을 먼저 읽지 않으면 이 차이를 구분할 수 없다.

❹ 가짜 돌파를 걸러내고, 진짜 힘이 실린 자리를 찾는다

시장에서 가장 비용이 큰 실수 중 하나가 가짜 돌파에 속는 것이다. 가격이 전고점을 넘었지만 거래량이 평소 수준이라면, 그것은 돌파가 아니라 탐색이다. 진짜 돌파에는 반드시 에너지가 동반된다.

확인 기준은 단순하다.

- 돌파 시 거래량이 최근 20일 평균 대비 유의미하게 증가했는가.
- 20일 이동평균선이 상승 기울기를 유지하고 있는가.

- 돌파 이후 갭을 메우지 않고 지지를 확인하는가.

강한 시장에서 주도주가 20주선을 지지하며 거래량이 붙는 모습이 나타난다면, 그것은 추세가 살아 있다는 신호다. 반대로 시장은 반등하고 있는데 내 종목은 힘을 못 쓴다면, 상대 강도가 약화되고 있다는 경고다. 시장이 올라도 따라가지 못하는 종목은 시장이 꺾일 때 더 빠르게 무너진다. 상대 강도의 약화는 추세 훼손의 가장 이른 경고 신호다.

❺ 보유 종목의 추세 훼손 여부를 실시간으로 판별한다

매수보다 어려운 것이 보유다. 보유보다 어려운 것이 '언제 나올 것인가'의 판단이다. 추세 훼손은 하루 만에 나타나지 않는다. 징후가 쌓이다가 어느 순간 구조적으로 무너진다.

장중에 점검해야 할 추세 훼손의 징후는 다음과 같다.

- 상승 구간에서 거래량이 줄어들기 시작했는가. (힘의 약화)
- 조정 구간에서 거래량이 오히려 증가하고 있는가. (매도 압력 확대)
- 고점을 높이지 못하고, 저점이 낮아지기 시작했는가. (구조 훼손)
- 진입 근거였던 이동평균선을 종가 기준으로 이탈했는가. (기준 붕괴)

이 징후 중 두 가지 이상이 동시에 나타난다면 추세는 훼손되고 있을 가능성이 높다. 대응은 간단하다. 비중을 줄이거나, 전량 정리하거나. '조금만 더 기다리면'이라는 생각이 드는 순간이 가장 위험한 순간이다. 진입 근거가 무너졌다면 보유할 이유도 사라진다.

장 후: '왜 샀는가'가 아니라 '계획대로 했는가'를 묻는다

결과가 아니라, 실행을 평가하라

장 후 루틴은 수익과 손실을 복기하는 시간이 아니다. 실행의 품질을 검증하는 시간이다.

많은 트레이더가 복기할 때 결과에 집착한다. 수익이 나면 '분석이 맞았다'고 생각하고, 손실이 나면 '분석이 틀렸다'고 결론짓는다. 그러나 올바른 복기의 질문은 다르다. 수익이든 손실이든, 물어야 할 것은 하나다. 계획대로 실행했는가.

❻ 결함 분석의 관점으로 매매를 복기한다

소프트웨어 품질 관리에서는 버그가 발생하면 '왜 이런 결과가 나왔는가'보다 '어느 프로세스에서 결함이 유입되었는가'를 먼저 추적한다. 결과가 아니라 과정의 결함을 찾는 것이다. 매매 복기도 동일한 구조를 따라야 한다.

장 후 복기는 다음의 순서로 진행한다.

① 오늘 실행한 매매를 기록한다. 종목, 진입가, 청산가, 보유 기간, 수익·손실.
② 각 매매가 장 전 시나리오에 포함되어 있었는지 확인한다.
③ 시나리오에 없던 매매가 있다면, 왜 실행했는지 원인을 분석한다.
④ 시나리오대로 실행한 매매 중 손실이 발생했다면, 시나리오 자체에 결함이 있었는지 점검한다.
⑤ 시나리오에 결함이 없었는데도 손실이 발생했다면, 이는 확률의 영역이다. 수용한다.

여기서 가장 위험한 것은 ③번이다. 시나리오에 없던 매매는 대부분 감정에 의해 실행된다. 급등 종목에 뛰어들었거나, 손실을 만회하려 충동 매매를 했거나, '이번만큼은 다르다'는 확증 편향에 빠진 경우다. 이 유형의 매매가 반복된다면 루틴이 무너지고 있다는 신호다.

복기의 본질은 단순하다. 결과를 바꾸려 하지 말고, 프로세스를 개선하라. 프로세스가 개선되면 결과는 시간이 지남에 따라 자연스럽게 따라온다.

❼ 재료적 분석의 사후 검증으로 판단력을 정교화한다

장중에 시장을 움직인 재료가 있었다면, 장 후에 그 재료의 진위를 검증해야 한다. 뉴스가 나온 직후의 가격 반응은 기대를 반영한다. 그러나 시간이 지나도 가격이 유지되거나 추가 상승한다면, 그 재료는 실질적 동력을 가진 것이다. 반대로 뉴스 직후 급등했지만 장 마감까지 대부분 되돌렸다면, 시장은 그 재료를 중요하게 여기지 않았다는 뜻이다.

이 과정을 반복하면 패턴이 보인다. 어떤 유형의 재료가 실제로 추세를 만들었고, 어떤 유형은 하루짜리 이벤트로 끝났는지. 정부 정책, 실적 서프라이즈, 글로벌 빅테크의 투자 발표, 금리 결정 등 재료의 종류별로 시장의 반응 패턴을 축적하면, 뉴스에 반응하는 것이 아니라 뉴스를 해석하는 능력이 쌓인다.

주간·월간: 거대한 조류가 여전히 유효한지 재점검하라

파도에 흔들릴수록, 방향은 더 크게 봐라

일별 루틴이 전투의 리듬이라면, 주간·월간 루틴은 항해의 방향을 확인하는 작업이다. 매일 파도와 싸우다 보면 전체 조류의 방향을 놓치기 쉽다. 항해사가 별을 보고 방향을 잡듯, 트레이더는 주봉과 월봉을 보고 큰 흐름을 재확인해야 한다.

❽ 주간 점검: 주봉의 구조는 살아있는가

매주 금요일 장 마감 후, 또는 주말에 다음을 점검한다.

- 코스피·코스닥 주봉의 20주 이동평균선 방향은 어떤가.
- 지수 레벨에서 엘리어트 파동의 위치는 어디인가. 충격파 구간인가, 조정 구간인가.
- 이번 주 주도 섹터에 변화가 있었는가. 자금이 이동하고 있는가.
- 보유 종목의 주봉 추세는 여전히 유효한가.

주봉에서 20주선이 하락으로 기울기 시작했다면, 일봉에서 아무리 좋은 신호가 나와도 신뢰도는 낮아진다. 주봉의 구조가 무너지기 시작하면 보유 비중을 줄이는 것이 합리적이다. 반대로 주봉에서 상승 추세가 강화되고 있다면, 일봉의 조정은 추가 매수의 기회가 된다.

❾ 월간 점검: 월봉이 가리키는 방향이 나의 매매와 일치하는가

월봉은 가장 큰 시간 프레임의 지도다. 월봉에서 장기 상승 추세가 유지되고 있다면, 그 안에서의 모든 조정은 잠재적 매수 기회다. 월봉에서 추세가 꺾이기 시작했다면, 어떤 단기 반등도 구조적 전환으로 해석하기 어렵다.

매달 한 번, 다음을 점검한다.

- 월봉 기준 120일·240일 이동평균선의 방향은 어떤가.
- 이번 달 내가 매매한 섹터가 월봉의 큰 흐름과 일치했는가.

- 이번 달 총 매매 건수 중 시나리오 외 매매의 비율은 얼마인가.
- 이번 달 손실의 주된 원인은 분석 실패인가, 실행 실패인가.

주간·월간 점검의 핵심은 한 문장으로 요약된다. 내가 매매하는 방향이 거대한 조류의 방향과 같은가. 조류를 거스르며 수영하는 사람은 오래가시 못한다. 조류의 방향에 올라타야 힘을 아끼고, 멀리 갈 수 있다.

나만의 추세추종 체크리스트

들어갈 이유보다, 걸러낼 기준부터

체크리스트는 종목을 고르기 위한 도구가 아니다. 들어가서는 안 될 자리를 걸러내기 위한 필터다.

많은 트레이더가 매매 기준을 머릿속에만 둔다. "대충 괜찮아 보인다", "이 정도면 나쁘지 않다"는 감각에 의존한다. 그러나 감각은 일관되지 않다. 컨디션이 좋으면 공격적으로 변하고, 손실이 누적되면 방어적으로 변한다. 체크리스트의 목적은 이 감정의 변동성을 제거하는 데 있다.

다음은 추세추종 관점에서 최소한으로 점검해야 할 항목들이다.

- 시장은 상승 구간에 있는가 (주봉 20주선 위, 상승 환경)

- 섹터는 최근 거래대금 상위에 위치하는가
- 종목은 20주 이동평균선 위에 있는가
- 섹터 내 상대 강도가 가장 높은가
- 거래대금이 최근 평균 대비 유지 또는 증가하는가
- 전고점 돌파 또는 건강한 눌림 구간인가
- 돌파 시 거래량이 동반되는가
- 손절 기준이 명확한가

이 체크리스트는 완벽한 종목을 찾기 위한 도구가 아니다. 들어가서는 안 되는 매매를 걸러내기 위한 거름망이다. 8개 항목 모두 '예'인 종목은 드물다. 그러나 6개 이상이 충족되는 자리에서만 진입하면, 불필요한 매매의 절반 이상이 사라진다.

문제는 여기서 끝나지 않는다. 체크리스트를 만들고도 실제 매매와 연결하지 못하는 경우가 대부분이다. 그래서 필요한 것이 '기록'이다.

체크리스트를 반드시 '기록'하라

체크리스트는 머릿속에 두는 순간 무너진다. 기록하는 순간부터 비로소 규칙이 된다.

매수 전에 반드시 다음을 기록한다.

매매 기록 입력 화면 예시

매매일지 수정
상세한 일정 및 분할 매매 전략을 기록하십시오.
종목명
한화솔루션
종목코드 (자동 입력)
009830
매매 전략
눌림   뜰파   상따
섹터
태양광
매매 방식
데이트레이딩   종가베팅   스윙
재료 (쉼표 구분)
태양광, 스페이스X
매수 데이터
+ 2차 추가
1차
2026-02-19
9시
50910
100
매도 데이터
+ 2차 추가
1차
2026-02-19
10시
54600
100
차트 첨부
매매 복기
금일 개장 후 국내 증시(코스피·코스닥) 긍정적인 흐름으로 진행
해당 흐름 속 스페이스X의 파생 키워드인 '태양광(전지)'의 주도
주로 볼 수 있는 한화솔루션이 거래대금과 함께 상승하며, 시장에서 부각되는 것을 확인할 수 있었다.
한화솔루션 분봉상 개장 직후 약 10%를 상승한 만큼 무리하게 진
원칙 셀프체크
데이트레이딩 원칙을 지켰는지 체크하세요
1 "-2% 손절한다." 원칙을 지켰습니까?
예   아니오   해당안됨
2 "상승 추세의 종목만 매매한다." 원칙을 지켰습니까?
예   아니오   해당안됨
3 "탑-다운 사고과정" 원칙을 지켰습니까?
예   아니오   해당안됨
실시간 가격   58,500 원
취소   ▷ 수정 완료

- 오늘의 시장 환경

- 선택한 섹터

- 진입 근거 (체크리스트 몇 개 충족?)

- 손절 기준

- 목표 시나리오

기록의 목적은 수익률을 남기는 것이 아니다.

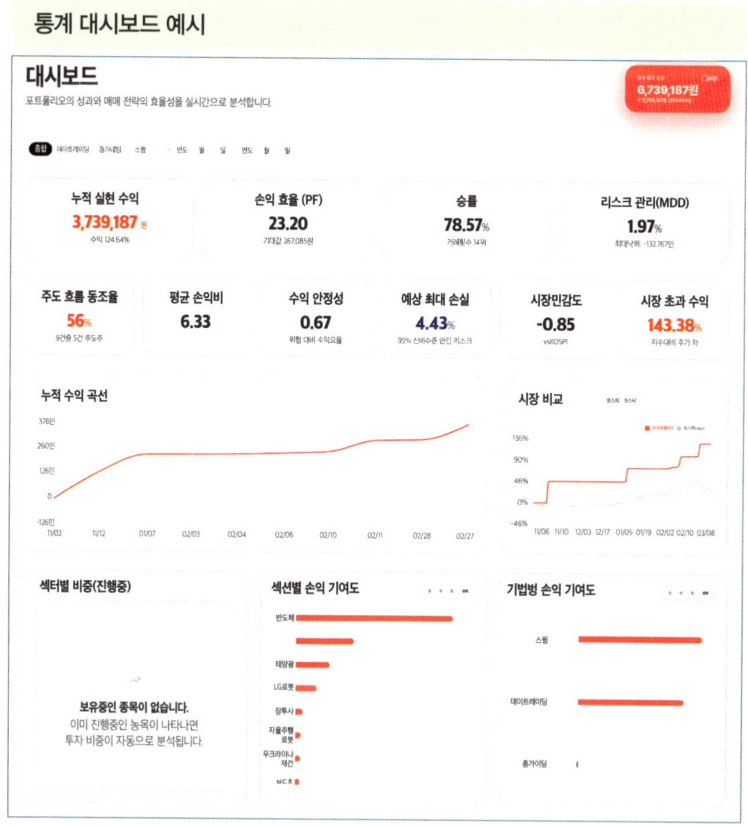

'왜 들어갔는가'를 남기는 것이다.

예를 들어, 체크리스트 8개 중 4개만 충족된 상태에서 진입했다면 그것은 구조 밖의 매매다. 나중에 수익이 나더라도 '일관된 시스템 안의 성공이 아니다. 반대로 7개가 충족된 자리에서 손실이 났다면, 그것은 실패가 아니라 확률의 일부다.

이 구분을 하지 못하면 실력은 쌓이지 않는다.

숫자가 말하기 시작할 때

기록이 일정 기간 누적될 수록 패턴이 드러나기 시작한다.

- 체크리스트 충족 개수별 승률은 어떠한가
- 시나리오 외 매매의 손익 평균은 얼마인가
- 손절을 지켰을 때와 미뤘을 때의 차이는 얼마나 되는가
- 특정 섹터에서만 반복 손실이 발생하는가

여기서 중요한 사실을 깨닫게 된다. 수익을 만드는 것은 '잘한 매매'가 아니라 '안 한 매매'라는 것.

충동 매매를 제거한 계좌는 생각보다 빠르게 안정된다. 추세추종은 많이 하는 사람이 이기는 게임이 아니라, 확률 높은 자리만 반복하는 사람이 이기는 게임이다.

체크리스트의 진짜 목적

이 체크리스트는 완벽한 종목을 찾기 위한 도구가 아니다. 들어가서는 안 되는 매매를 걸러내는 거름망이다.

8개 모두 '예'인 자리는 드물다. 그러나 6개 이상이 충족되는 자리에서만 진입한다면 루틴은 서서히 계좌의 변동성을 낮춘다. 그리고 남겨진 기록은 '감정의 기억'을 '숫자의 기억'으로 바꿔준다.

감정은 왜곡되지만, 데이터는 왜곡되지 않는다.
기억은 자신에게 유리하게 저장되지만, 기록은 그렇지 않다.

추세추종의 완성은 종목을 잘 고르는 데 있지 않다. 내가 어떤 조건에서 돈을 잃고, 어떤 조건에서 돈을 버는지를 객관적으로 아는 데 있다. 그때부터 체크리스트는 단순한 종이 한 장이 아니라 나만의 시스템이 된다. 그리고 시스템이 작동하기 시작하면 매매는 점점 단순해진다. 들어갈 자리와, 들어가지 않을 자리가 분명해지기 때문이다.

루틴은 실력이 된다

루틴은 재능이 아니다. 루틴은 선택이다.
매일 장 전에 판을 정하고, 장중에 시나리오대로 실행하고, 장 후에 프로세스를 검증하는 것. 매주 주봉의 구조를 확인하고, 매달 큰 흐름과의 일치를 점검하는 것. 이 과정은 화려하지 않다. 지루하고 반복적이다. 그러나 이 반복이 쌓이면 우연한 수익과 구조적 수익의 차이가 벌어지기 시작한다.

반복이 쌓일 때, 우연은 사라진다

기본이 빠지면 전장을 잘못 고르고, 기술이 빠지면 자리를 잃고, 재료가 빠지면 촉매 없이 기다린다. 3축 통합은 한 번의 분석으로 끝나는 것이 아니라, 매일의 루틴 안에서 반복적으로 작동해야 비로소 힘을 발휘한다.

시장은 매일 새로운 뉴스와 변동성을 던진다. 그 안에서 흔들리지 않는 유일한 방법은 일관된 루틴을 가지는 것이다. 루틴이 곧 규율이고, 규율이 곧 생존이며, 생존이 곧 실력이다.

"게임에서 이기려면 게임에 남아 있어야 한다."

-래리 하이트 -

제3장

탑다운 추세추종 트레이더로 성장하는 길

이 책을 여기까지 읽은 당신은 이미 변하고 있다.

탑다운 사고의 구조를 이해했고, 추세추종의 본질을 알게 됐고, 분석의 세 축을 어떻게 통합하는지도 봤다. 심리를 다스리는 원칙과 루틴의 뼈대도 세웠다. 남은 것은 하나다. 이 모든 것을 실전에서 반복하며, 당신만의 트레이더로 성장해나가는 일이다.

트레이딩 시장에서 장기적으로 생존하는 사람은 수많은 기법을 아는 사람이 아니다. 명확하게 정립된 사고 체계를 가진 사람이다. 시장의 본질을 꿰뚫는 하나의 결론은 단순하다.

위에서 보고, 흐름을 따르며, 원칙을 지킨다.

이 장은 새로운 기술을 추가하지 않는다. 대신, 트레이더로서 반드시 거쳐야 할 사고의 전환 과정을 정리하고, 초보에서 고급으로 나아가는 각 단계에서 무엇이 달라져야 하는지를 말한다.

초보는 종목을 보고, 중급은 섹터를 보고, 고급은 시장을 먼저 본다

초보에서 중급으로: 예측의 굴레를 벗는 일

모든 초보 트레이너는 시장의 방향을 '맞히려는' 시도를 한다.

"오를까, 내릴까?" 이 질문에 사로잡혀 단 한 번의 매매로 큰 수익을 얻고자 한다. 이 접근은 필연적으로 잦은 매매와 일관성 없는 기준으로 이어진다. 계좌는 예측이 빗나갈 때마다 타격을 입고, 예측이 맞아도 다음 번에는 더 크게 베팅하며 스스로를 무너뜨린다.

초보에서 중급으로 도약하는 결정적 전환점은, 이 '예측'의 굴레에서 벗어나는 것이다.

트레이더의 머릿속 질문이 바뀌는 순간, 성장은 시작된다. 더 이상 "오를까, 내릴까?"를 묻지 않는다. 대신, 이렇게 묻는다.

"지금이 진입해도 확률적으로 우위에 있는 자리인가?"

이 질문의 변화가 트레이딩에 처음으로 '구조'를 부여한다. 감이나 예측에 의존하는 대신, 종목을 선별하고, 진입 타이밍의 유효성을 확인하며, 발생 가능한 리스크를 계산하는 프로세스를 따르게 된다.

수익을 극대화하려는 욕심보다 손실을 관리하는 것이 우선이라는 사실을 온전히 받아들이는 순간. 그 순간이 초보 구간의 끝이다. 이 단계의 핵심은 예측의 비중을 줄이고, 통계적으로 승률이 높은 자리에서의 매매를 기계적으로 반복하는 훈련에 있다.

시장은 맞히는 대상이 아니다. 대응하는 대상이다.

이 한 문장을 진심으로 받아들이기까지, 대부분의 트레이더는 수십, 수백 번의 손실을 경험한다. 그 손실들이 헛되지 않으려면, 매번 같은 질문을 되물어야 한다. "나는 맞히려 했는가, 대응하려 했는가."

중급에서 고급으로: 기법을 넘어 관점의 확장

중급 트레이더는 차트를 능숙하게 분석한다. 각종 패턴을 인지하고, 파동을 해석하며, 눌림목 매매를 위해 인내심을 발휘할 줄도 안다.

그런데 여전히 시장의 큰 파도에 휘둘린다. 자신이 아는 기법이 통하지 않는 시장 환경에서 손실을 누적한다. 이유는 하나다. 개별 종목의 미시적 움직임에 매몰되어, 시장 전체의 거시적 흐름을 놓치기 때문이다.

중급에서 고급으로 넘어가는 지점에서는 '관점'의 대전환이 일어난다. 개별 종목의 차트에서 눈을 들어, 시장 전체를 조망하는 탑다운 사고를 체화하게 된다.

- 첫째, 시장 전체의 방향성을 분석한다. 지금이 상승장인가, 하락장인가, 방향성 없는 횡보장인가.
- 둘째, 주도 섹터의 흐름을 파악한다. 시장의 자금이 어떤 산업군으로 집중되고 있는가.
- 셋째, 자금이 몰리는 핵심축을 식별한다. 해당 섹터 내에서 가장 강력한 테마나 이슈는 무엇인가.

- 넷째, 축 안에서 가장 강한 종목을 선별한다. 위의 모든 조건을 만족시키는 대장주를 최종 타겟으로 삼는다.

위에서부터 방향이 명확하게 정해지면, 아래에서 해야 할 일은 극도로 단순해진다. 거대한 시장의 흐름에 부합하는 종목만 편입하고, 추세가 꺾이는 신호가 나타나면 미련 없이 빠져나온다.

이 단계의 핵심 전환은 이것이다.

잘하는 매매의 횟수를 늘리는 것이 아니라,
틀린 환경에서의 불필요한 매매를 원천적으로 차단한다.

실전에서 성장하는 트레이더의 공통 궤적

행동이 바뀔 때, 실력이 따라온다

트레이더의 성장 과정은 복잡한 이론이 아니다. 돌이켜보면 뚜렷한 3단계로 구분된다. 이 구분은 기법의 숙련도가 아니라, '행동의 변화'를 기준으로 나뉜다.

- 1단계(초보): 모든 파도에 올라타려다 난파되는 시기

열정은 넘친다. 매일 수십 종목을 뒤지고, 뉴스에 반응하고, 급등주가 보이면 뛰어든다. 시장이 열려 있는 모든 시간이 기회처럼 보인다.

이 시기의 가장 큰 착각은 '많이 매매할수록 많이 번다'는 믿음이다.

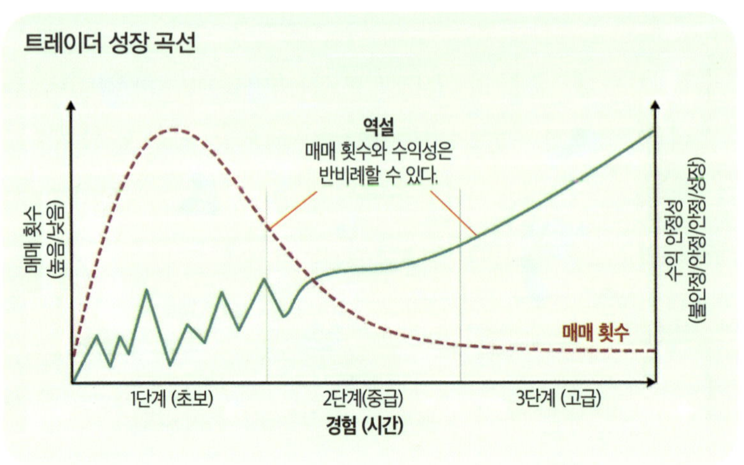

실제로는 정반대다. 매매 횟수가 늘수록 수수료가 쌓이고, 감정적 판단이 개입할 여지가 넓어지며, 한두 번의 큰 손실이 그간의 작은 수익을 한꺼번에 삼킨다.

이것이 다작의 함정이다. 서핑에 비유하면, 해변에 도착하는 모든 파도에 올라타려는 것과 같다. 작은 파도, 꺾이는 파도, 방향 없는 물결까지 전부. 결과는 난파다.

이 시기를 지나면서 깨닫는 것이 있다. 모든 파도가 탈 만한 파도는 아니라는 사실이다.

• 2단계(중급): 사냥터를 좁히고, 거름망을 갖추는 시기

중급 트레이더는 자신만의 거름망을 갖추기 시작한다. 아무 종목이나 뛰어들지 않는다. 시장의 방향을 먼저 보고, 자금이 몰리는 섹터를 확인하고, 그 안에서 가장 강한 종목만 추린다. 탑다운 사고가 체계적

인 필터로 작동하기 시작하는 단계다.

이것이 선별의 시작이다. 사냥터를 좁히는 것이다. 아프리카 초원 전체를 돌아다니는 것이 아니라, 물웅덩이 근처에 자리를 잡는 것이다. 먹잇감이 반드시 오는 장소에서, 확률이 가장 높은 순간만을 기다린다.

이 단계에서 매매 횟수는 확연히 줄어든다. 줄어드는 것이 맞다. 줄어들어야 한다. 매매 횟수가 줄었다는 것은 쓸데없는 싸움을 피하기 시작했다는 증거다.

• 3단계(고급): 90%의 시간을 기다림에 할애하는 시기

고급 트레이더의 일상은 놀라울 정도로 조용하다. 대부분의 시간을 관망에 쓴다. 차트를 보지만 클릭하지 않는다. 뉴스를 읽지만 반응하지 않는다. 자신이 정한 조건에 완벽히 부합하는 자리가 올 때까지, 사자처럼 기다린다.

이것이 절제의 완성이다. 사자는 하루에 20시간을 잔다. 사냥하는 시간은 전체의 극히 일부다. 그러나 한 번 움직이면 성공률이 압도적으로 높다. 에너지를 낭비하지 않기 때문이다.

고급 트레이더도 같다. 매매하지 않는 시간이 매매하는 시간보다 압도적으로 길다. 이 긴 기다림이 그들의 계좌를 지킨다. 시장이 아닐 때 쉬는 것이, 시장이 맞을 때 온전히 집중할 수 있는 체력을 만들기 때문이다.

여기서 역설적 진리가 드러난다.

매매 횟수와 수익률은 반비례할 수 있다.

많이 매매해서 많이 벌겠다는 생각은 초보의 환상이다. 적게 매매하되 정확하게, 그리고 틀렸을 때 빠르게 빠지는 것. 이것이 시간이 증명한 고급 트레이더의 공통 패턴이다.

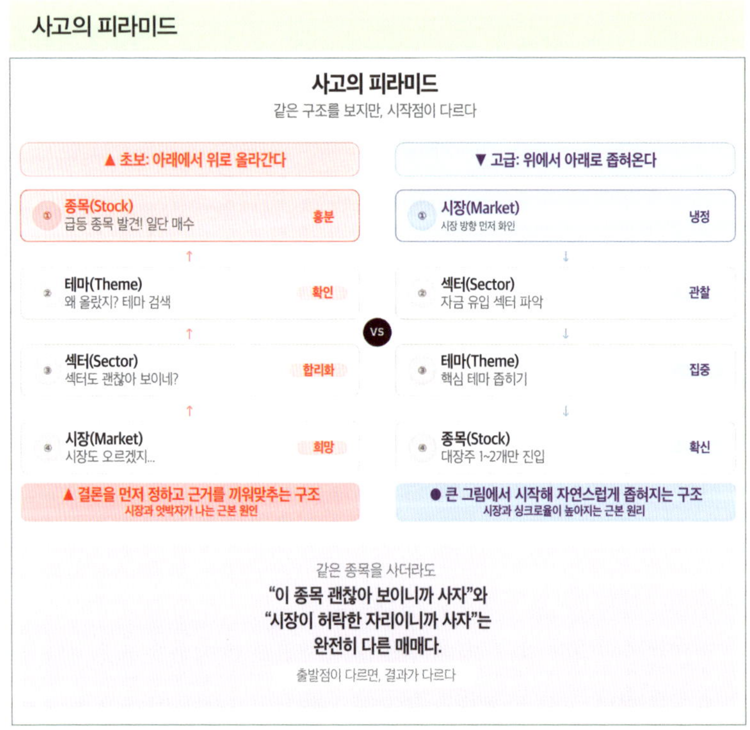

성장을 가속시키는 한 가지: 복기를 QA 보고서처럼 쓰라

계좌가 안정되기 시작하는 시점은, 폭발적인 수익이 나는 때가 아니다. 불필요한 매매가 사라지는 때다.

이 변화는 기술의 숙련도가 아니라, '태도'의 성숙에서 비롯된다. 그리고 태도의 성숙을 가장 빠르게 만드는 도구가 복기다.

다만, 여기서 말하는 복기는 "오늘 얼마 벌었다, 잃었다"를 적는 일기가 아니다. 시스템의 결함을 찾아내는 QA 보고서다.

소프트웨어 회사에서 제품을 출시하기 전, QA팀은 버그를 찾는다. 어디서 오류가 발생하는지, 어떤 조건에서 시스템이 무너지는지를 테스트하고 기록한다. 매매 복기도 같은 관점으로 접근해야 한다.

점검해야 할 항목은 세 가지다.

첫째, 손절 인정 속도. 판단이 틀렸음을 인지하고 손실을 확정 짓기까지 얼마나 걸렸는가. 시간이 길어질수록 시스템에 결함이 있다. 손절은 결심이 아니라 규칙이다. 규칙대로 작동했는지를 점검한다.

둘째, 수익 절제력. 계획한 익절 기준을 지켰는가, 아니면 탐욕이 개입했는가. 수익 구간에서 "조금만 더"라는 생각이 들었다면, 그 순간이 바로 시스템이 감정에 밀린 지점이다.

셋째, 관망하는 용기. 매매하기에 적합하지 않은 시장 환경에서 과감히 쉬었는가. 아무 자리에서나 들어간 매매는 없었는가. 관망은 소극적 행위가 아니다. 자산을 지키는 적극적 선택이다.

이 세 항목을 매일, 매주, 매월 점검하면 자신의 약점과 강점이 드러난다. 특정 시간대에 충동적 진입이 반복되거나, 손실 이후 만회 심리로 과도한 포지션을 잡는 패턴이 보이기 시작한다. 그 패턴을 발견하는 순간이 전환점이다.

안정적인 우상향 손익 곡선은 화려한 수익에서 만들어지지 않는다. 이 세 가지 태도가 쌓이면서, 서서히 그려진다.

마지막 룰: 시장보다 오래 살아남는 것이 이기는 것이다

방향 없는 매매를 줄이는 것이 곧 수익 관리다

수많은 기법과 이론을 거쳐 마지막에 남는 원칙은 하나로 수렴한다. 명확한 추세가 형성된 자리에서만 베팅한다.

이것이 수익 관리의 핵심이자, 트레이딩의 처음이자 끝이다.

수익을 갉아먹는 주된 요인은 기법의 부족이 아니다. 방향성 없이 옆으로 기는 횡보 구간에서의 매매, 상승과 하락의 힘겨루기가 팽팽하여 방향이 불분명한 구간에서의 매매, 객관적인 근거가 아니라 '오를 것 같다'는 막연한 기대를 갖고 진입하는 매매. 이 모든 것을 줄이는 행위가 곧 수익 관리와 직결된다.

탑다운 추세추종 트레이더의 핵심 원칙은 세 가지다.

- 시장의 거시적 흐름을 먼저 본다.
- 상승 추세가 명확히 확인된 종목만 다룬다.
- 내가 원하는 자리가 아니면 쉬고, 판단이 틀렸다면 빠르게 나온다.

이 원칙이 흔들리는 순간, 계좌 역시 예외 없이 흔들린다.

기법은 변한다. 시장의 도구도, 유행하는 전략도, 주도하는 섹터도 시대에 따라 달라진다. 그러나 시장의 본질은 변하지 않는다. 공포와 탐욕, 기대와 실망, 군중의 쏠림과 이탈. 수백 년 전에도 그랬고, 지금도 그렇고, 앞으로도 그럴 것이다. 인간의 심리가 시장을 만들고, 그 심리는 본질적으로 바뀌지 않기 때문이다.

그래서 기법을 쫓는 트레이더는 유행이 바뀔 때마다 흔들리지만, 본질을 이해한 트레이더는 어떤 시장에서든 자리를 찾는다.

지속 가능한 수익 구조는 몇 번의 큰 수익에서 나오지 않는다. 계좌에 치명적인 손실이 발생하지 않는 구조에서 완성된다.

자본을 지키는 것이 곧 수익을 지키는 것이다.

시장에서 쫓겨나지 않는다면, 기회는 반드시 다시 온다. 2025년의 강세장이 왔듯, 다음 강세장도 반드시 온다. 문제는 그때 당신의 계좌에 자본이 남아 있느냐다. 살아남은 자만이 기회를 잡을 수 있다.

트레이딩은 특별한 재능을 가진 사람의 전유물이 아니다. 복잡한 시장 속에서 자신만의 단순하고 명확한 구조를 끝까지 지켜낸 사람이 살아남는 생존 게임이다.

성장의 각 단계는 결국 '덜어내는 과정'으로 귀결된다.

- 초보는 방향을 맞히려 한다.
- 중급은 기법을 늘리려 한다.
- 고급은 원칙을 줄여 단순화 한다.

성장의 끝은 더 복잡해지는 것이 아니라, 본질만 남기고 모든 것을 덜어내어 더 단순해지는 것이다.

진정한 탑다운 추세추종 트레이더란
많이 아는 사람이 아니라,
자신이 무엇을 기다려야 하는지 정확히 아는 사람이다.

체크하지 않은 매매는, 계획 없는 전투다.
계획 없는 전투에서 이기는 것은, 운이다.
운에 의존하는 투자자는,
결국 운이 다하는 날이 온다.

실전 적용 자료

부록

탑다운 매매 5단계 실전 점검표

사용법

탑다운(Top-Down) 매매는 시장 → 섹터 → 종목 → 타이밍 → 리스크 관리 순서로 분석 범위를 좁혀가며 매매 확률을 높이는 접근 방식이다. 아래 체크리스트는 실제 매매 전에 반드시 점검해야 할 핵심 항목이다. 각 단계의 체크 항목을 확인한 뒤, 판정 기준에 따라 '진행, 대기, 중단'을 결정한다. 하나의 단계에서 중단이 나오면, 해당 매매는 즉시 폐기하거나 이전 단계로 되돌아가 재검토하며, 조건 충족 전까지 다음 단계로 진행하지 않는다.

1단계 시장 체크

현재 시장 환경이 매매에 우호적인지 판단하는 단계

☐ 주요 지수(코스피·코스닥)는 20일·60일 이동평균선 위에 있는가?

☐ 지수의 이동평균선은 정배열(5일 > 20일 > 60일)을 유지하고 있는가?

☐ 시장의 주도 수급은 확인되는가? (외국인 또는 기관의 연속 순매수)

☐ 글로벌 증시(미국 S&P500, 나스닥)의 추세는 우호적인가?

☐ 시장의 핵심 테마(주도 스토리)가 명확하게 존재하는가?

☐ VIX(공포지수) 또는 시장 변동성이 과도하게 높지 않은가

☐ 지금 시장은 공격적으로 매매할 시장인가, 방어적으로 대응할 시장인가?

- Go: 지수가 주요 이평선 위, 정배열, 주도 수급 확인 → 다음 단계로 진행.

- Wait: 지수가 이평선 근처에서 횡보, 방향 불명확 → 관망하며 대기.

- Stop: 지수가 주요 이평선 아래, 역배열, 외국인·기관 순매도 → 매매 보류, 현금 비중 확대.

2단계 섹터 체크

시장 안에서 돈이 몰리는 산업을 찾는 단계

☐ 현재 시장의 주도 섹터(업종)는 무엇인가 — 업종별 수익률 상위 3개 확인.

☐ 해당 섹터에 기관·외국인 수급이 최근 5일 이상 연속 유입되고 있는가?

☐ 뉴스, 정책, 산업 사이클이 해당 섹터를 뒷받침하고 있는가?

☐ 섹터 내 주요 종목 3개 이상이 동반 상승 구조를 보이고 있는가?

☐ 해당 섹터의 단기 이격도가 과열 수준(20일 이격도 115 이상)은 아닌가?

☐ 지금 시장에서 돈이 가장 빠르게 모이는 산업은 어디인가?

판정 기준

- 진행: 주도 섹터가 명확 + 수급 유입 + 동반 상승 구조 → 다음 단계로 진행

- 대기: 섹터 순환이 잦고 주도 섹터가 자주 바뀜 → 방향 확정까지 대기

- 중단: 뚜렷한 주도 섹터 없음, 전 섹터 하락 → 매매 보류

3단계 종목 체크

섹터 안에서 실제 매매 대상 종목을 선정하는 단계

☐ 섹터 내에서 가장 강한 종목(상승률·거래량 상위)인가?

☐ 일일 거래대금이 충분한가 (최소 50억 원 이상 권장)

☐ 이동평균선 정배열을 유지하고 있는가? (20일 > 60일 > 120일)

☐ 하이킨아시 일봉이 양봉(아랫꼬리 없음)을 유지하고 있는가?

☐ 실적, 뉴스, 이벤트 등 펀더멘털 재료가 존재하는가?

☐ 기관 또는 외국인의 종목별 수급이 확인되는가?

핵심 질문

☐ 이 종목은 섹터를 대표하는 리더 종목인가?

판정 기준

- 진행: 섹터 내 최강 종목, 정배열, 하이킨아시 양봉, 수급 확인 → 다음 단계로 진행.

- 대기: 정배열이지만 하이킨아시 도지 출현 또는 거래량 감소 → 추세 재확인 후 판단.

- 중단: 역배열, 이평선 이탈, 수급 이탈 중 하나라도 해당 → 이 종목은 후보에

서 제외.

4단계　진입 조건 체크

매매의 타이밍을 결정하는 단계

☐ 현재 주가가 주요 이평선(20일 또는 60일) 부근의 지지 구간인가?

☐ 거래량이 20일 평균 내비 1.5배 이상 동반되는 상승인가?

☐ 이격도가 과열 구간(20일 이격도 115 이상)이 아닌가?

☐ 리스크 대비 기대수익(손익비)이 최소 1:2 이상인가?

☐ "'근거'가 확인되면 '가격'에서 매수."

핵심 질문

☐ 지금 이 가격에서 들어갈 이유가 한 문장으로 설명되는가?

판정 기준

- 진행: 이평선 지지 + 거래량 동반 + 이격도 정상 + 손익비 1:2 이상 → 진입.

- 대기: 조건 대부분 충족되나 거래량 미확인 → 거래량 확인 후 진입.

- 중단: 이격도 과열 또는 손익비 1:2 미달 → 이 타이밍은 포기, 다음 기회를 기다림.

5단계　손절 기준 체크

매매 이전에 반드시 정해야 하는 리스크 관리 기준

☐ 손절 가격이 숫자로 명확하게 설정되어 있는가? (OO원 이탈 시 매도)

☐ 손절 기준이 기술적 근거를 가지고 있는가? (이평선 이탈, 지지선 붕괴 등)

☐ 손익비가 최소 1:2 이상인가? (손절 1: 목표 수익 2)

☐ 이 매매에 투입하는 금액이 전체 계좌의 10~20% 이내인가?

☐ 손절 조건이 충족되면 감정 없이 기계적으로 실행할 준비가 되어 있는가?

핵심 질문

☐ 이 매매가 틀렸을 때, 어디에서, 얼마를 잃고 나올 것인가?

판정 기준

- 진행: 손절가 명확 + 기술적 근거 있음 + 손익비 충족 + 비중 적정 → 최종 실행.
- 대기: 손절가는 정했으나 감정적으로 실행할 자신이 없음 → 비중을 절반으로 줄여서 진입.
- 중단: 손절가를 정할 수 없거나, 손익비 1:2 미달 → 이 매매는 하지 않는다.

최종 관문 사고 과정 자가 점검

5단계를 모두 통과한 뒤, 마지막으로 자신의 사고 과정이 왜곡되어 있지 않은지를 점검하는 단계다. 이 점검 없이 매수 버튼을 누르면, 5단계의 체크가 '끼워맞추기를 정당화하는 도구'로 전락할 수 있다.

☐ 이 종목을 매수하는 근거를 세 문장 이내로 설명할 수 있는가?

☐ 내 근거가 틀렸음을 증명할 수 있는 조건을 사전에 정해 놓았는가?

☐ 최근에 이 종목에 대한 부정적 뉴스나 분석을 의도적으로 찾아본 적이 있는가?

☐ "이 주식은 무조건 오른다"는 확신이 점점 강해지고 있지는 않은가?

☐ 지금 이 매수는 분석의 결과인가, 손실을 만회하려는 조급함의 결과인가?

☐ 나는 지금 시장에 동기화하고 있는가, 내 희망을 끼워 맞추고 있는가?

- 진행: 5개 항목 모두 명확하게 답할 수 있음 → 최종 매수 실행.

- 대기: 1~2개 항목에서 솔직한 답변이 어려움 → 하루 냉각 기간을 둔 뒤 재점검.

- 중단: 3개 이상 답변 불가 또는 "무조건 오른다"는 확신 상태, 끼워 맞추기 경고. 매수 중단 및 모든 단계를 통과한 경우에만 매매를 실행한다. 하나라도 '대기' 또는 '중단' 판정이 있을 경우 해당 매매는 보류하거나 종료하며, 조건 충족 전까지 재진입하지 않는다.

탑다운 매매의 본질은 다음 순서를 지키는 것이다.

시장 → 섹터 → 종목 → 타이밍 → 리스크 관리 → 사고 과정 점검

이 순서를 거꾸로 접근하면, 대부분의 매매는 확률이 낮아지는 구조가 된다. 종목부터 찾으면 시장을 무시하게 되고, 손절을 나중에 정하면 감정에 휘둘리게 되고, 사고 과정을 점검하지 않으면 끼워 맞추기에 빠지게 된다.

매매 전에 반드시 이 점검표를 통과한 종목만 매수하는 습관을 만들어라

처음에는 번거롭게 느껴질 것이다. 그러나 이 점검표를 열 번만 사용하면, 머릿속에 자동으로 순서가 잡힌다. 점검표를 꺼내지 않아도 시장을 먼저 보게 되고,

섹터를 먼저 확인하게 되고, 손절을 먼저 정하게 된다.

그때부터 점검표는 도구가 아니라 습관이 된다. 습관이 되면 시스템이 된다. 시스템이 되면, 감정이 개입할 여지가 사라진다.

체크하지 않은 매매는, 계획 없는 전투다.

계획 없는 전투에서 이기는 것은, 운이다.

운에 의존하는 투자자는, 결국 운이 다하는 날이 온다.

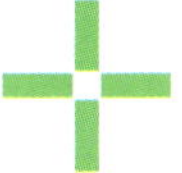

트레이더 심리 체크리스트

왜 이 체크리스트가 필요한가

트레이딩에서 가장 큰 리스크는 시장이 아니라 트레이더의 심리다. 부록 1의 탑다운 매매 5단계 질전 점검표가 '무엇을 확인할 것인가'의 도구라면, 트레이더 심리 체크리스트는 '내가 지금 올바른 상태에서 판단하고있는가'를 확인하는 도구다. 분석이 아무리 완벽해도, 판단하는 사람의 심리가 오염되어 있으면 결과는 왜곡된다.

매매 전 심리 점검 - 매수 버튼을 누르기 전에

매수를 결정한 시점에서, 그 결정이 분석의 결과인지 감정의 결과인지를 구분하는 단계다.

확증 편향 점검

☐ 이 종목에 대한 부정적 뉴스나 반대 의견을 의도적으로 찾아보았는가?

☐ 매수 근거를 세 문장 이내로 설명할 수 있는가? 만약 설명이 불가능하면 근거가 없는 것이다.

☐ "이 주식은 무조건 오른다"는 확신이 점점 강해지고 있지 않은가?

☐ 매수 결정 후 마음이 편안해졌다면, 끼워맞추기가 시작된 것은 아닌가?

☐ 직전 매매의 손실을 만회하려는 조급함으로 매수하려는 것은 아닌가?

☐ 커뮤니티, 유튜브, 지인의 추천에 영향받은 충동 매매는 아닌가?

☐ "지금 안 사면 놓친다"는 FOMO에 빠져 있지 않은가?

☐ 부록 1의 5단계 점검표를 통과한 종목인가? 통과하지 않았다면 진입 자격 없음.

☐ 이 매매가 틀렸을 때의 손절 가격을 숫자로 정해 놓았는가?

☐ 그 손절 금액을 감정 없이 받아들일 수 있는가?

☐ "손절 없이 버티면 결국 오른다"는 생각이 들지 않는가?

위 12개 항목 중 3개 이상에서 솔직한 답변이 어렵다면, 매수를 보류하라. 하루 냉각 기간을 두고, 다음 날 같은 점검을 다시 해본다. 다음 날에도 같은 결론이면 진입한다. 하루 사이에 확신이 약해졌다면, 그것은 감정이 빠졌다는 증거다.

매매 중 심리 점검 - 포지션을 보유하고 있을 때

매수 이후의 심리는 매수 전과 근본적으로 다르다. '내 돈이 걸려 있다'는 사실이 모든 판단을 왜곡한다. 이 구간에서의 심리 통제가 수익과 손실을 가른다.

☐ 매수 전에 정한 손절 기준을 그대로 유지하고있는가. 중간에 손절선을 내린 적 없는가?

☐ "조금만 더 버텨보자"는 생각이 든다면, 그것은 손실 회피 편향이 작동하는 것은 아닌가?

☐ 매수 진에 정힌 목표가를 향해 가고있는가. 목표 없이 보유 중이지 않은가?

☐ 수익이 발생했다고 조급하게 청산하려 하지 않는가? "수익을 확정하고 싶다"는 충동 점검.

☐ "여기서 빠지면 어떡하지"가 아니라 "추세가 살아있는가"로 판단하고 있는가?

☐ 추세가 유지되고있다면, 목표가까지 보유를 유지하고 있는가?

☐ 손실을 인정하지 못하고 근거 없이 버티고 있지 않은가?

☐ "물타기를 하면 평균 단가가 내려가니까"라는 생각이 든다면, 그것은 계획된 분할 매수인가 아니면 손실 정당화인가?

☐ 뉴스나 커뮤니티 의견을 찾아보며 자기 위안을 하고 있지 않은가?

☐ "세력이 개미를 털고 있는 것"이라는 근거 없는 해석을 하고 있지 않은가?

매매 중에 가장 위험한 상태는 '계획의 변경'이다. 매수 전에 정한 손절선을 내리거나, 목표가를 올리거나, 물타기를 추가하는 것은 모두 계획의 변경이다. 계획 변경이 새로운 데이터에 근기한 것이라면 합리적이다. 그러나 '잃기 싫어서', '더 먹고 싶어서' 변경하는 것이라면, 그것은 감정이 시스템을 무너뜨리는 순간이다.

매매 후 심리 점검 - 결과와 관계없이 반드시 수행

매매의 가치는 결과가 아니라 과정에서 결정된다. 수익이 났어도 과정이 틀렸다면 다음에는 잃는다. 손실이 났어도 과정이 맞았다면 장기적으로 살아남는다.

☐ 이번 매매는 부록 1의 점검표를 통과한 매매였는가?

☐ 결과(수익·손실)와 관계없이, 매매 과정이 계획대로 진행됐는가?

☐ 수익이 났다면: "실력인가, 운인가"를 솔직하게 구분했는가?

☐ 손실이 났다면? 그 손실의 원인이 분석의 오류인가, 시장의 불가항력인가를 구분했는가?

☐ 큰 수익 후 과잉 자신감에 빠져있지 않은가? "나는 감이 좋다"는 착각 점검.

☐ 연속 손실 후 자기 비하에 빠져있지 않은가? "나는 투자에 소질이 없다"는 과잉 반응 점검.

☐ 감정이 정리되지 않은 상태에서 다음 매매에 진입하려 하지 않는가?

☐ 이번 매매의 근거, 진입가, 청산가, 결과를 매매 일지에 기록했는가?

☐ 동일한 실수를 반복하고있는 패턴이 있는가. 최근 5회 매매를 비교해 보았는가?

☐ 다음 매매에 적용할 구체적인 개선점을 한 가지 이상 도출했는가?

매매 후 점검을 하지 않는 것은 시험을 보고 채점하지 않는 것과 같다. 결과만 보고 넘어가면, 같은 실수를 반복하게 된다. 특히 "수익이 났으니 됐다"며 과정을 돌아보지 않으면, 잘못된 습관이 '성공 경험'으로 강화된다. 이것이 가장 위험하다.

끼워 맞추기 조기 경보 시스템

본문에서 다룬 확증 편향과 끼워맞추기는 자신도 모르게 진행된다. 아래 신호가 하나라도 감지되면, 현재 매매 판단을 즉시 재점검해야한다.

- **경보 1** "이 정보는 맞고, 저 정보는 조작이야"라는 생각이 든다. → 자기에게 유리한 정보만 진짜로 취급하고 있다.

- **경보 2** 매수 이후에 확신이 점점 강해지고있다. → 분석이 아니라 감정이 확신을 만들고 있다.

- **경보 3** 손실 상태에서 "일시적 조정"이라는 말을 반복하고있다. → 손실 회피 편향이 작동 중이다.

- **경보 4** "세력이 개미를 털고 있다"는 해석을 하고 있다. → 근거 없는 서사로 현실을 왜곡하고 있다.

- **경보 5** "이번만 예외로 하자"며 사전에 정한 규칙을 무시하고 있다. → 시스템
  이 무너지기 직전이다.
- **경보 6** 직전 손실을 만회하기 위해 평소보다 큰 금액으로 매매하려 한다. →
  복수 매매의 전조다.

위 신호가 하나라도 감지되면, 즉시 매매를 중단하고 24시간 냉각 기간을 가진
다. 냉각 기간 동안은 어떤 매매도 하지 않는다. 하루가 지난 뒤 같은 판단이 유
지되면 진행한다. 감정이 빠진 뒤에도 같은 결론이면, 그것은 분석이다. 감정이
빠지면 결론이 바뀌면, 그것은 끼워 맞추기였다.

이 심리 체크리스트는 세 가지 시점에서 자신을 점검한다.

- **매매 전**: 지금 내 판단은 분석의 결과인가, 감정의 결과인가.
- **매매 중**: 사전에 정한 계획을 지키고 있는가, 감정이 계획을 바꾸고 있는가.
- **매매 후**: 결과가 아니라 과정을 평가하고 있는가, 같은 실수를 반복하고 있지
  않은가.

부록 1이 "무엇을 볼 것인가"의 체크리스트라면, 이 부록 2는 "어떤 상태에서 볼
것인가"의 체크리스트다. 둘 다 갖추어야 완전한 매매 시스템이 된다.

분석은 지식이 완성하지만, 수익은 절제가 완성한다.

트레이더의 실력은 시장 예측 능력에서 결정되지 않는다. 자기 상태를 객관적으

로 인식하고, 감정이 판단을 오염시키는 순간을 포착하고, 그 순간에 멈출 수 있는 통제력에서 결정된다. 이 체크리스트를 매매 전후로 반복하면, 처음에는 번거롭던 점검이 습관이 된다. 습관이 되면 의식하지 않아도 스스로 자신의 심리 상태를 감시하게 된다. 그때부터 당신은 시장이 아니라 자기 자신을 통제하는 트레이너가 된다.

시장을 이기려하지 마라.
먼저 나 자신을 이겨라.
자신을 통제하는 트레이더만이, 시장에서 살아남는다.

시장 사이클 체크리스트

사용법

시장은 항상 상승, 과열, 조정, 침체, 회복의 사이클을 반복한다. 같은 종목이라도 사이클의 어느 지점에 있느냐에 따라 전략이 완전히 달라진다. 이 체크리스트는 현재 시장이 사이클의 어디에 위치하는지를 진단하고, 각 국면에 맞는 전략과 비중을 안내한다. 부록 1의 1단계(시장 체크)를 수행할 때 함께 사용하면 효과적이다.

상승 초기 소수만 알아채는 출발 신호

이 국면의 특징

- 오랜 하락 또는 횡보 이후, 지수가 주요 이평선(60일 또는 120일)을 돌파하기 시작한다.
- 거래대금이 바닥 대비 눈에 띄게 증가하기 시작한다(20일 평균 거래대금 30% 이상 증가).
- 전체 시장이 아닌 일부 종목에서만 먼저 상승이 나타난다. 시장을 이끌 주도주 후보의 등장.

- 기관 또는 외국인의 순매수가 연속 3일 이상 확인된다.

- 뉴스의 분위기는 아직 비관적이거나 중립적이다. 대중은 아직 상승을 인식하지 못한다.

진단 체크리스트

☐ 지수가 60일 또는 120일 이동평균선을 종가 기준으로 돌파했는가?

☐ 거래량이 동반된 돌파인가? (돌파일 거래량이 20일 평균 대비 1.5배 이상)

☐ 특정 섹터에서 먼저 움직이는 선도 종목이 2~3개 이상 나타나는가?

☐ 기관·외국인의 연속 순매수가 확인되는가?

☐ 뉴스와 커뮤니티의 분위기가 아직 비관적 또는 반신반의 상태인가?

전략 및 비중 가이드

- **매매 전략**: 선도 종목 중심의 탐색적 매수. 확신이 아니라 가능성에 베팅하는 구간이다.

- **비중 가이드**: 전체 투자 가능 금액의 20~30%. 아직 추세가 확정되지 않았으므로 소규모로 진입한다.

- **핵심 이평선**: 20일선을 기준으로 지지 여부를 확인하며 추가 매수를 판단한다.

이 국면에서의 심리적 함정

이 구간의 함정은 "아직 일찍이다"라는 두려움이다. 오랜 하락에 지친 투자자는 반등을 믿지 못한다. "또 속는 거 아냐?"라는 불안이 진입을 막는다. 이때 필요한 것은 확신이 아니라, 작은 비중으로 시작하는 용기다. 틀리면 작게 잃고, 맞으면 추가 진입하면 된다.

상승 중기 추세가 확인된 본격 상승 구간

이 국면의 특징

- 지수의 이동평균선이 정배열(5일 > 20일 > 60일 > 120일)을 형성한다.
- 시장 참여자가 늘어나고, 거래대금이 지속적으로 증가한다.
- 주도 섹터가 명확하게 드러나고, 섹터 내 종목들이 동반 상승한다.
- 하이킨아시 일봉이 아랫꼬리 없는 양봉을 연속으로 보여준다.
- 뉴스의 분위기가 중립에서 낙관으로 전환되기 시작한다.

진단 체크리스트

☐ 지수의 이동평균선이 정배열 상태인가?

☐ 주도 섹터가 최소 2주 이상 일관되게 상승하고 있는가?

☐ 섹터 내 상위 종목 3개 이상이 동반 상승 구조를 보이는가?

☐ 하이킨아시 일봉이 양봉 우위를 유지하고 있는가?

☐ 거래대금이 상승 초기 대비 추가로 증가하고 있는가?

☐ 외국인·기관 수급이 지속되고 있는가?

전략 및 비중 가이드

- **매매 전략**: 추세추종 매매. 주도 섹터의 리더 종목을 중심으로 적극 매수하는 구간이다.
- **비중 가이드**: 전체 투자 가능 금액의 50~70%. 추세가 확인됐으므로 비중을 본격적으로 확대한다.

- **핵심 이평선**: 20일선 지지를 기준으로 보유하고, 조정 시 60일선 지지 여부로 추세 건강도를 확인한다.
- **추가 도구**: 3박자 공식 적용, 하이킨아시 양봉(아랫꼬리 없음)·이평선 정배열·거래량 증가.

이 구간의 함정은 "조정이 오면 어떡하지"라는 두려움이다. 상승 중 작은 조정이 올 때마다 불안해서 일찍 팔아버린다. 조정은 추세의 일부다. 20일선이 살아 있는 한 추세는 유효하다. 조정에 흔들리면 추세의 가장 수익이 큰 구간을 놓치게 된다.

상승 과열 모두가 환호할 때, 경계가 시작된다

- 단기 급등 종목이 크게 늘어나고, "대박 종목" 뉴스가 범람한다.
- 주가가 이평선에서 크게 벗어난다. 20일 이격도가 115~120 이상.
- 개인 투자자의 참여가 폭발적으로 증가한다. 개인 순매수 비중 급증.
- "이번은 다르다", "새로운 패러다임"이라는 담론이 확산된다.
- 뉴스, 유튜브, 커뮤니티가 일제히 낙관론을 보도한다.
- 거래량이 역대급으로 터지면서 고점 부근에서 장대양봉 또는 윗꼬리 긴 캔들이 나타난다.

☐ 20일 이격도가 115 이상으로 과도하게 벌어져 있는가?

☐ 주변에서 "너도 주식 해"라는 말이 들려오기 시작하는가?

☐ 평소 주식에 관심 없던 사람들이 종목을 추천하기 시작하는가?

☐ "이번은 다르다"는 논리가 설득력있게 느껴지는가?

☐ 고점에서 역대급 거래량이 터지고 있는가. 바닥의 환영 인사가 아니라 고점의 작별 인사일 수 있다.

☐ 기관·외국인이 매도로 전환하고있지 않은가?

전략 및 비중 가이드

- **매매 전략**: 수익 관리 중심. 신규 매수는 자제하고, 보유 종목의 이익 실현을 시작하는 구간이다.

- **비중 가이드**: 주식 비중을 50% 이하로 축소 시작. 이격도가 120을 넘으면 추가 축소.

- **핵심 원칙**: 추격 매수 금지. 이 구간에서 새로 진입하면, 높은 확률로 고점 근처에서 매수하게 된다.

- **이평선 활용**: 주가가 20일선에서 크게 벗어나 있을수록 조정 가능성이 높아진다.

이 국면에서의 심리적 함정

이 구간의 함정은 FOMO다. 모두가 돈을 벌고 있는 것처럼 보이고, 나만 소외된 것 같은 느낌이 든다. 이 감정에 이끌려 과열 구간에서 진입하면, 고점 매수의 전형적 패턴에 빠진다. "고점에서 터지는 역대급 거래량은 마지막 불꽃이다." 불꽃놀이가 가장 화려한 순간이 끝나는 순간이다.

 추세가 멈추고, 방향을 재확인하는 구간

이 국면의 특징

- 지수가 20일선을 이탈하고, 60일선을 향해 하락한다.

- 차익 실현 매물이 쏟아지며, 상승 종목 수가 급격히 감소한다.

- 거래대금은 줄어들거나, 하락 중에 일시적으로 폭발한다(공포 매도).

- 이동평균선 징배열이 흐트러지기 시작한다. 5일선이 20일선 아래로 내려옴.

- "일시적 조정"인지 "추세 전환"인지 시장 참여자들의 의견이 갈린다.

진단 체크리스트

☐ 지수가 20일 이동평균선을 종가 기준으로 이탈했는가?

☐ 이탈 후 2거래일(48시간) 이내에 회복하지 못했는가?(2거래일 법칙 적용)

☐ 이탈 폭이 ATR(평균 변동 범위)의 1.5배를 넘는가? (소음vs추세 이탈 부분)

☐ 이동평균선 정배열이 무너지기 시작했는가?

☐ 주도 섹터의 리더 종목이 함께 하락하고있는가? 리더가 무너지면 추세가
위험.

☐ 외국인·기관이 매도로 전환했는가?

전략 및 비중 가이드

- **매매 전략**: 리스크 관리 중심. 신규 매수 중단, 보유 종목의 손절 기준 엄격
적용.

- **비중 가이드**: 주식 비중을 30% 이하로 축소. 60일선까지 이탈하면 20%
이하.

- **핵심 원칙**: 2거래일 법칙. 이평선 이탈 후 2일 안에 회복 실패 시 기계적 비중

축소.

- **ATR 필터**: 이탈 폭이 ATR 1배 이내면 관망, 1.5배 이상이면 추세 이탈로 판단
  하고 축소.

이 구간의 함정은 두 가지다. 첫째, "일시적 조정이니까 버티자"는 희망적 사고.
이것은 끼워 맞추기의 전형이다. 데이터(이평선 이탈, 수급 전환)가 경고하는데
감정 ("곧 오를 거야")으로 버티면 손실이 커진다. 둘째, "바닥이니까 물타기 하
자"는 성급함. 조정이 바닥인지는 지나고 나야 안다. 바닥을 맞히려 하지 말고,
회복 신호가 확인된 뒤에 진입하라.

침체 국면 시장이 잠드는 시간, 트레이더가 준비하는 시간

- 지수의 이동평균선이 역배열(120일 > 60일 > 20일 > 5일)로 전환된다.
- 거래대금이 바닥 수준으로 감소한다. 시장에 대한 관심 자체가 사라진다.
- 대부분의 종목이 하락하거나 횡보하며, 수익을 낼 수 있는 종목이 극히 드물
  다.
- 뉴스에서 "주식시장 침체", "개인 투자자 이탈" 등의 비관적 보도가 이어진다.
- "주식은 하면 안 되는 것"이라는 분위기가 확산된다.

☐ 지수의 이동평균선이 역배열 상태인가?

☐ 20일 평균 거래대금이 과열기 대비 50% 이하로 감소했는가?

☐ 시장에서 뚜렷한 주도 섹터를 찾기 어려운가?

☐ 주변에서 주식 이야기가 사라졌는가?

☐ 하이킨아시 일봉이 윗꼬리 없는 음봉을 연속으로 보여주는가?

- **매매 전략**: 현금 비중 확대. 적극적 매매를 사세하고, 다음 사이클의 상승 초기를 준비하는 구간이다.

- **비중 가이드**: 주식 비중 10~20% 이하. 나머지는 현금으로 보유하며 기회를 기다린다.

- **핵심 활동**: 매매가 아니라 공부의 시간이다. 다음 상승 초기에 선도할 섹터와 종목을 미리 연구한다.

- **관찰 포인트**: 거래량이 바닥에서 서서히 늘어나기 시작하는 종목을 주시한다. 이것이 상승 초기의 전조다.

이 구간의 함정은 조급함과 포기 사이의 진동이다. "바닥인 것 같으니 미리 사자"는 조급함과, "주식은 안 하는 게 맞다"는 포기가 번갈아 나타난다. 조급함은 바닥을 맞히려는 전망의 오만이고, 포기는 다음 사이클의 상승 초기를 놓치게 만든다. 이 구간에서 할 일은 매매가 아니라 관찰이다. 시장을 떠나지 말고, 시장을 지켜보며 다음 신호를 기다려라.

사이클별 비중 종합 가이드			
사이클 국면	주식 비중	현금 비중	핵심 전략
상승 초기	20~30%	70~80%	선도 종목 탐색적 매수
상승 중기	50~70%	30~50%	추세추종, 적극 매수
상승 과열	30~50%	50~70%	수익 실현, 신규 매수 자제
조정 국면	10~30%	70~90%	리스크 관리, 손절 엄격 적용
침체 국면	10~20%	80~90%	현금 보유, 다음 사이클 준비

핵심 정리

시장 사이클은 매번 다른 옷을 입고 나타나지만, 구조는 항상 같다. 상승 초기에는 소수만 알아채고, 상승 중기에는 다수가 참여하고, 과열기에는 모두가 환호하고, 조정기에는 혼란이 오고, 침체기에는 모두가 떠난다. 그리고 다시 상승 초기가 온다. 사이클을 맞히려하지 마라. 사이클의 어디에 있는지를 확인하라.

"지금이 바닥인가, 고점인가"를 맞히려는 것은 전망의 오만이다. 그 대신, "지금 시장은 이 다섯 국면 중 어디에 해당하는가"를 진단하고, 해당 국면에 맞는 전략을 실행하는 것이 동기화다. 부록 1이 개별 매매의 점검표라면, 이 부록 3은 시장 전체의 건강 상태를 진단하는 도구다. 매매 전에 부록 3으로 시장의 위치를 확인하고, 부록 1로 개별 종목을 점검하고, 부록 2로 자신의 심리 상태를 체크한다. 세 가지를 함께 사용하면, 매매의 확률은 의미있게 높아진다. 시장의 사이클을 읽는 것은 미래를 예측하는 것이 아니다. 현재를 정확히 인식하는 것이다.

모두가 환호할 때 경계하고, 모두가 떠날 때 관찰하라.
사이클은 반복된다. 준비된 사람에게 기회도 반복된다.

트레이더 생존 원칙 20가지

이 부록의 목적

시장에서 오래 살아남는 트레이더는 특별한 비밀을 가진 사람이 아니라, 기본 원칙을 꾸준히 지키는 사람이다. 이 20가지 원칙은 이 책의 모든 챕터와 부록 1~3을 관통하는 핵심 메시지를 한 문장씩으로 압축한 것이다. 매매가 흔들릴 때, 자신감이 무너질 때, 감정에 휘둘릴 때 이 페이지로 돌아와라. 여기가 기준점이다.

시장 원칙 시장을 먼저 보라

01 **시장을 이기려 하지 마라. 시장에 동기화하라**

투자는 미래를 맞히는 게임이 아니다. 시장의 현재 흐름에 나의 사고를 맞추는 과정이다. 전망은 "내가 주어"이고, 동기화는 "시장이 주어"다. 이 주어의 차이가 수익과 손실의 차이를 만든다.

02 **시장이 강할 때는 공격하고, 시장이 약할 때는 물러나라**

시장 사이클의 어디에 있느냐에 따라 전략이 완전히 달라진다. 상승 중기에는 비중을 50~70%까지 확대하고, 조정·침체 국면에서는 10~20%로 축소한다. 같은 종목이라도 사이클의 위치가 다르면 결과가 다르다. (부록 3 참고)

03 **항상 시장 → 섹터 → 종목 순서로 분석하라**

이 순서가 탑다운의 전부다. 종목을 먼저 보면 끼워 맞추기에 빠진다. 시장을 먼저 보면 동기화가 시작된다. 대부분의 투자자가 첫 번째로 하는 일(종목 찾기)을, 이 시스템에서는 세 번째에 한다. 이 순서의 차이가 전부다. (부록 1 참고)

04 **시장의 방향과 반대로 싸우는 매매는 피하라**

지수가 하락 추세에 있을 때, "이 종목만은 오를 거야"라는 생각은 높은 확률로 끼워맞추기다. 200일선 아래의 시장에서 매수 신호를 따르는 것은 역추세 매매다. 역추세 매매는 확률이 낮다.

종목 선택 원칙 **강한 종목만 매매하라**

05 **강한 종목만 매매하라. 약한 종목에서 기회를 찾으려하지 마라**

"싸 보여서" 역배열 종목을 사는 것은, 모두가 나가는 건물에 혼자 들어가는 것과 같다. 싸다는 것과 좋다는 것은 다르다. 정배열, 거래량 증가, 수급 유입. 이 조건을 갖춘 종목이 강한 종목이다.

06 **거래대금이 충분한 종목을 선택하라**

일일 거래대금이 너무 적은 종목은 진입은 쉬워도 이탈이 어렵다. 내가 팔고 싶을 때 받아줄 사람이 없으면, 손절 자체가 불가능해진다. 최소 일일 거래대금 50억 원 이상을 기준으로 삼는다.

07 시장의 주도 섹터에 속한 종목을 우선하라

개별 종목의 힘만으로 상승하는 경우는 드물다. 대부분의 강한 상승은 주도 섹터 안에서 나타난디. 돈이 흘러가는 섹터의 리더 종목에 올라타는 것이 확률적으로 가장 유리히다.

08 뉴스가 아니라 수급과 차트를 먼저 보라

뉴스가 나온 시점은 정보의 출발점이 아니라 종착점이다. 기관과 외국인은 뉴스가 나오기 전에 이미 매수를 마쳤다. 뉴스는 관심 종목을 발굴하는 출발점으로만 활용하고, 매매 근거는 수급과 차트에서 찾는다.

타이밍을 기다려라

09 매매는 계획이 있을 때만 실행하라

모든 매매 전에 한 문장 시나리오를 적는다: "[근거] 때문에, [가격]에 매수하고, [목표가]에서 수익 실현하며, [손절가]에서 이탈한다." 이 문장을 적을 수 없으면 매수하지 않는다. 계획 없는 매매는 계획 없는 전투다.

10 손절 가격이 정해지지 않은 매매는 하지 마라

매수 버튼을 누르기 전에, "이 매매가 틀렸을 때 어디에서 나올 것인가"가 숫자로 확정되어있어야 한다. 매수 후에 정하면 이미 늦다. 돈이 걸린 상태에서 내리는 판단은 감정에 오염된다. (부록 15단계 참고)

11 손익비가 1:2 이상인 매매만 선택하라

기대 수익이 잠재 손실의 두 배 이상이 아니면 진입하지 않는다. 손절 1만 원, 목표 수익 2만 원. 이 비율을 지키면, 승률이 50%만 되어도 장기적으로 수익이 난다. 비율이 나쁜 매매는 아무리 분석이 좋아도 피한다.

12 추격 매수는 대부분 늦다

이미 크게 오른 뒤에 "더 오를 것 같아서" 뛰어드는 것이 추격 매수다. 이격도가 20일선 대비 115를 넘어서면, 확률적으로 불리한 자리다. 이평선 수렴 구간이 진입의 적정 지점이다. 기회는 반드시 다시 온다.

리스크 관리 원칙 **생존이 수익보다 먼저다**

13 손실은 작게, 수익은 크게 가져가라

이것은 가장 오래되고 가장 지켜지지 않는 원칙이다. 작은 손실은 기꺼이 받아들이고, 추세가 살아있는 수익은 끝까지 보유한다. 대부분의 투자자는 정반대로 한다. 작은 수익은 조급하게 확정하고, 큰 손실은 버티며 키운다.

14 한 번의 매매에 계좌의 운명을 걸지 마라

한 종목에 투입하는 금액은 전체 계좌의 10~20% 이내로 제한한다. 최대 확신이 있어도 30%를 넘기지 않는다. 이 규칙은 개별 매매의 수익을 줄이지만, 계좌의 생존 확률을 높인다. 생존이 수익보다 먼저다.

15 매매 전에 항상 계좌 리스크를 먼저 계산하라

"이 매매가 틀리면 계좌의 몇 퍼센트를 잃는가." 이 질문에 답할 수 없으면 비중이 과도한 것이다. 한 번의 매매에서 잃을 수 있는 최대 금액은 전체 계좌의 2% 이내가 이상적이다.

16 손절은 실패가 아니다. 실력 있는 트레이더의 기본 기술이다

손절은 작은 비용을 치르고 큰 위험을 치단하는 보험이다. 소음에 의한 이탈에서 비중을 축소했다가 다시 올라가면 재진입하면 된다. 그러나 진짜 추세 이탈에서 버티다가 큰 손실을 입으면, 복구에 수개월이 걸린다.

심리 원칙 **감정이 아니라 시스템으로 판단하라**

17 공포와 탐욕은 없앨 수 없다. 개입할 수 없게 만들어라

"감정을 통제하라"는 조언은 별로 도움이 되지 않는다. 본능을 의지력으로 이기기는 극히 어렵다. 필요한 것은 의지력이 아니라 시스템이다. 매수 조건을 사전에 확정하고, 손절 가격을 미리 정해놓고, 조건 충족 시에만 기계적으로 실행한다. 이 루틴이 감정을 대체한다.

18 시장이 아니라 자신의 상태를 먼저 관리하라

매수 이후에 확신이 점점 강해지면 위험 신호다. 직전 손실을 만회하려는 조급함이 느껴지면 24시간 냉각 기간을 가진다. "이번만 예외로 하자"는 생각이 들면, 시스템이 무너지기 직전이다. 시장보다 자신의 심리 상태를 먼저 점검한다. (부록 2 참고)

19 결과가 아니라 과정을 평가하라

수익이 났어도 과정이 틀렸다면, 다음에는 잃는다. 잘못된 과정으로 수익을 내면, 그 잘못된 습관이 "성공 경험"으로 강화된다. 이것이 가장 위험하다. 손실이 났어도 과정이 맞았다면, 장기적으로 살아남는다. 평가의 기준은 계좌 잔고가 아니라 프로세스 준수율이다.

성장 원칙 매매가 아니라 복기에서 실력이 만들어진다

20 **트레이더의 실력은 매매에서가 아니라 복기에서 만들어진다**

매매 일지를 작성한다. 최소한 근거, 진입가, 청산가, 결과, 개선점 다섯 가지를 기록한다. 같은 실수를 반복하고 있는 패턴이 있는지 최근 10회 매매를 비교해 본다. 기록하지 않으면 개선할 수 없다. 시험을 보고 채점하지 않는 학생은 성적이 오르지 않는다.

20가지 원칙 한눈에 보기

시장 원칙
01 시장에 동기화하라

02 사이클에 맞춰 공수를 전환하라

03 시장 → 섹터 → 종목 순서를 지켜라

04 시장의 방향과 싸우지 마라

종목 선택
05 강한 종목만 매매하라

06 거래대금이 충분한 종목을 선택하라

07 주도 섹터의 리더 종목을 우선하라

08 뉴스보다 수급과 차트를 먼저 보라

진입 원칙
09 계획이 있을 때만 실행하라

10 손절가 없는 매매는 하지 마라

11 손익비 1:2 이상만 선택하라

추세추종 절대수익

종목보다 시장을 먼저 읽는 상위 0.1%의 주식투자

네프콘 프리미엄 콘텐츠

29PER
네프콘
프리미엄 콘텐츠
1개월 할인권
성공으로 가는 투자,
여기서 시작

주식시장에서 성공하는 사람과 실패하는 사람의 차이는 특별한 정보나 비밀 전략에 있지 않다. 차이는 단 하나다. '원칙을 알고 있는가'가 아니라, 그 원칙을 끝까지 지키는가에 있다. 이 20가지 원칙은 하나도 새롭지 않다. 성공한 트레이더들이 수십 년간 반복해서 말해온 것들이다. 그런데도 대부분의 투자자가 실패하는 이유는, 이 원칙을 몰라서가 아니라 지키지 않아서다. 아는 것과 하는 것 사이의 간극. 이 간극을 메우는 것이 이 책의 목표였다.

탑다운이라는 분석의 순서, 동기화라는 사고의 태도, 점검표라는 실행의 시스템. 모두 이 간극을 메우기 위한 도구다. 한국 주식시장이라는 K-던전을 공략하는 여정에서, 이 20가지 원칙이 흔들릴 때마다 다시 돌아올 기준점이 되기를 바란다.

시장은 내일도 열린다. 기회는 반드시 다시 온다. 그러나 자본은 한

번 크게 잃으면 복구가 어렵다. 그래서 생존이 수익보다 먼저다. 살아 남은 자만이 다음 기회를 잡을 수 있다.

"원칙을 아는 것은 시작이다.

원칙을 지키는 것이 실력이다.

원칙이 습관이 되는 날,

당신은 시장에서 살아남는 트레이더가 된다."

29PER

추세추종
절대수익

초판 1쇄 인쇄 2026년 4월 30일
초판 1쇄 발행 2026년 5월 15일

지은이 | 29PER
펴낸이 | 권기대
펴낸곳 | ㈜베가북스

주소 | (07261) 서울특별시 영등포구 양산로17길 12, 후민타워 6~7층
대표전화 | 02)322-7241   **팩스** | 02)322-7242
출판등록 | 2021년 6월 18일 제2021-000108호
홈페이지 | www.vegabooks.co.kr   **이메일** | info@vegabooks.co.kr
ISBN 979-11-94831-36-5(03320)